생각이
크는
인문학

스포츠

생각이 크는 인문학_스포츠

지은이 공규택
그린이 이진아

1판 1쇄 인쇄 2022년 5월 9일
1판 2쇄 발행 2023년 8월 31일

펴낸이 김영곤
키즈사업본부장 김수경
에듀3팀 이영애 박시은
아동마케팅영업본부장 변유경
아동마케팅1팀 김영남 황혜선 이규림 정성은
아동마케팅2팀 임동렬 이해림 최윤아 손용우
아동영업팀 강경남 오은희 김규희 황성진
디자인팀 이찬형

펴낸곳 (주)북이십일 을파소
출판등록 2000년 5월 6일 제406-2003-061호
주소 (우 10881) 경기도 파주시 회동길 201(문발동)
연락처 031-955-2100(대표) 031-955-2177(팩스)
홈페이지 www.book21.com

ⓒ 공규택, 2022

ISBN 978-89-509-0044-1 43690

• 제조자명 : (주)북이십일
• 주소 및 전화번호 : 경기도 파주시 회동길 201(문발동) / 031-955-2100
• 제조연월 : 2023.08.
• 제조국명 : 대한민국
• 사용연령 : 8세 이상 어린이 제품

생각이 크는 인문학

22 스포츠

글 공규택
그림 이진아

을파소

목차

머리글 8

 1장

스포츠에 대해 얼마나 알고 있을까?

됐다!
가라!

달려!

오~
진짜
같다!

모두가 공정하게 누려야 할 스포츠

세상을 바꾸는 스포츠

경쟁 뒤에 가려진 스포츠의
다양한 가치들을 만나는 시간

여러분, 스포츠 좋아하시나요? 스포츠가 없는 삶은 상상할 수 없을 만큼 오늘날 스포츠는 우리 삶 가까이에 자리하고 있어요. 대중 매체가 발달하면서 직접 경기장에 가지 않더라도 실시간으로 스포츠 경기를 관람하거나 스포츠 기사를 통해 세계 곳곳에서 펼쳐지는 스포츠 소식을 알 수 있지요.

스포츠 경기는 개인끼리 승부를 겨루는 개인전과 다른 사람들과 함께 팀을 이루어 승부를 겨루는 단체전으로 나뉠 수 있어요. 스포츠 경기에 참가하는 스포츠 선수들은 경기에서 승리하기 위해 최선을 다해요. 그렇지만 상대 선수나 상대팀을 절대 무시하거나 그들에게 적대감을 가지고 경기에 임해서는 안 돼요. 스포츠는 무엇보다 경기에 참가하는 선수들이 서로 존중하고 배려하는 마음으로 공정한 경쟁을 펼치는 것이 중요하거든요. 페어플레이라고도 말하지요. 스포츠 세계에는 경쟁과 승부보다 더 중요한 가치들이 가득하답니다.

경쟁 뒤에 가려진 스포츠의 가치에는 어떤 것들이 있을까요? 스포츠 선수는 단순히 재능을 타고났다고 해서 되는 건 아니에요. 세계 최정상에 우뚝 선 스포츠 스타들은 치열한 승부의 세계에서 승리하기 위해 엄청난 노력을 감내합니다. 이러한 노력과 인내가 경쟁 뒤에 숨겨진 스포츠의 또 다른 가치가 될 수 있겠지요.

스포츠가 우리의 일상생활에 널리 퍼져 친숙해지고 대중에게 사랑을 받으면서 어느새 스포츠는 현대 사회에 어떤 메시지를 전하는 큰 영향력을 가지게 되었습니다. 이제 스포츠는 사람들에게 단순히 즐거움을 제공하는 것을 넘어 전쟁을 멈추거나 환경 문제를 개선하는 등 인류 사회의 여러 방면에 기여하고 있지요. 스포츠가 우리 사회에 어떤 영향력을 미치는지, 또 어떤 메시지를 전하는지 궁금하지 않나요?

이와 같은 스포츠에 대한 여러 궁금증의 해답은 어떻게 찾을 수 있을까요? 정해진 답은 없어요. 하지만 스포츠 세계를 알아가며 다양한 물음을 던지고 그 물음에 대한 답이 무엇인지 생각해 보면서 세상을 보는 눈을 키울 수 있지요. 스포츠는 놀이를 넘어 사람을 이해하고 세상을 배우는 데에 좋은 수단이 될 수 있거든요. 세상을 살아가는 지혜를 배울 수도 있고요.

　이 책을 통해 스포츠의 다양한 가치에 대해 생각해 보고 스포츠의 매력에 빠져 보길 바랍니다.

2022년
공규택

컴퓨터 게임도 스포츠라고?

오늘날 전 세계는 스포츠에 열광하고 있습니다. 많은 사람들이 직접 스포츠에 참가하거나 스마트폰, 텔레비전과 같은 매체를 통해 눈으로 스포츠를 즐기고 있지요. 세계의 평화를 상징하는 올림픽, 아시아 국가의 교류와 우호를 목적으로 하는 아시안게임, 각종 스포츠 종목의 세계 선수권 대회 같은 거대한 스포츠 축제는 세계의 경제와 정치에 영향을 미치기도 해요.

시간이 흐를수록 스포츠의 의미도 점점 다양해지고 있어요. 컴퓨터 게임인 e스포츠가 2022년 항저우 아시안게임의 스포츠 종목으로 채택되었고, 건강한 삶과 관련하여 웰빙 스포츠라는 새로운 용어를 사용하기도 하지요. 오늘날 스포츠는 신체 능력만을 겨루는 운동 경기를 넘어 더 많은 의미를 담고 있어요.

스포츠란 도대체 무엇일까요? 우리가 체육 시간에 운동 장에서 하는 축구는 스포츠일까요? 아니면 올림픽이나 월 드컵처럼 국제 대회에서 펼쳐지는 큰 경기만을 스포츠라 할 수 있는 걸까요? 컴퓨터 게임은 어떻게 스포츠 종목이 되었을까요? 스포츠는 경쟁을 비롯해 너무나 많은 속성을 지니고 있어서 하나의 문장으로 정의하기란 어려워요. 게다 가 스포츠의 의미는 고정적이지 않고 시대에 따라 계속해 서 변하거든요.

시대가 바뀌어도 변하지 않는 스포츠의 가장 기본적인 속성은 바로 '경쟁'이에요. 승부를 가르기 위해선 경쟁이 필 요하지요. 하지만 승부를 겨룬다고 해서 모두 스포츠가 될 수 있는 건 아니에요. 공정하게 승부를 겨루기 위한 규칙 과 신체의 움직임이 필요하지요. 그런데 손으로 키보드와 마우스를 조작하는 정도의 움직임만이 있는 컴퓨터 게임이 어떻게 스포츠가 될 수 있는 걸까요?

우선 컴퓨터 게임은 승리를 위해 두 팀이 경쟁한다는 스 포츠의 기본 속성을 갖추고 있어요. 그리고 공정하게 경쟁 을 펼치기 위한 규칙이 있지요. 스포츠 경기에 참가하는 선 수들이 규칙을 잘 지키는지 감시하고 승부를 판정하는 경 기 심판도 있고요. 축구나 농구처럼 프로 게이머라 불리는 프로 게임 선수들이 소속되어 있는 프로팀과 이들끼리 경기를 벌여 순위를 매기는 프로 리그가 있지요. 어떤가요? 컴퓨터 게임이 스포츠로서 손색없는 것 같나요?

하지만 여기서 더 나아가 마우스와 키보드를 조작하는 정도의 작은 움직임이 과연 스포츠에서 요구하는 신체 활동과 부합하는지에 대한 고민도 필요합니다. 어떤 사람들은 격렬한 움직임이 없는 컴퓨터 게임을 스포츠의 한 종목으로 인정하지 않아요. 이런 문제 제기는 스포츠의 의미를 오직 운동 능력을 겨루는 신체 활동으로만 한정 지을 때 생길 수 있는 오해인데요, 스포츠는 사실 몸만 움직이는 건 아니거든요.

매 경기 상황에 따라 작전이 달라지고, 달라진 상황에 즉각적으로 대처하기 위한 임기응변과 창의력이 필요해요. 스포츠는 신체 활동뿐만 아니라 정신적인 두뇌 활동을 요구하는 분야이지요. 컴퓨터 게임의 경우 신체 활동보다 두뇌 활동이 더 필요한 스포츠 종목인 거예요. 이처럼 주로 두뇌 경쟁을 통해 승부를 겨루는 스포츠를 두뇌 스포츠 또는 마인드 스포츠라고 합니다. e스포츠와 더불어 바둑이나 체스와 같은 스포츠 종목이 두뇌 스포츠라고 할 수 있지요.

바둑은 매년 가을 우리나라에서 개최되는 전국 체육 대회의 한 종목이에요. 2010년 국제 대회인 광저우 아시안게임에서 바둑이 정식 종목으로 채택되어 세계의 바둑 기사들이 메달을 두고 경기를 펼쳤지요. 체스 역시 국제 대회인 세계 체스 선수권 대회가 매년 열립니다.

만약 스포츠를 정하는 기준을 운동 능력을 겨루는 신체 활동으로만 한정하게 되면 앞서 이야기한 e스포츠, 바둑, 체스와 같은 두뇌 스포츠 종목은 스포츠로서 자격을 박탈당하게 될지도 몰라요. 스포츠가 지닌 다양한 의미를 알지 못하고 협소한 시각으로 스포츠를 바라보게 될 테고요. 그럼 스포츠가 지닌 무수한 가치들을 느낄 수 없을 거예요. 스포츠에는 어떤 가치들이 숨어 있을까요? 지금까지 스포츠의 의미에 대해 알아보았다면, 이제 경쟁 뒤에 가려진 스포츠의 다양한 가치들을 본격적으로 알아가 볼까요?

사람들이 스포츠를 즐기는 이유는 뭘까?

요즘은 정보 통신 기술의 발달로 언제 어디서나 손쉽게 스포츠를 관람하고 스포츠에 관한 다양한 정보를 얻을 수 있어요. 스포츠 대회에서 놀라운 성과를 거둔 스포츠 선수들이 대중 매체를 통해 단숨에 스포츠 영웅이 되기도 하지요. 하지만 그 자리에 올라서기까지는 아주 많은 노력과 긴 시간이 걸려요. 그래서일까요? 매 경기 최선을 다해 경쟁하는 스포츠 선수들의 모습을 볼 때면 큰 감동이 밀려오곤 합니다.

특별한 장비 없이 42.195킬로미터라는 아주 긴 거리를 달리는 마라톤 경기는 인간의 한계에 도전하는 사람들의 이야기가 담겨 있어 스포츠 팬들에게 코끝 찡한 감동을 선사해요. 포기하지 않고 끝까지 완주하는 마라톤 선수의 모습은 그 어떤 장면보다 강한 인상을 남기고 많은 감정을 느끼게 하지요.

아프리카 대륙 동쪽에 위치한 나라 에티오피아의 마라톤 선수인 아베베 비킬라(1932~1973)는 '맨발의 마라토너'라는 별명을 가지고 있는데요, 왜 이런 별명을 가지게 되었을까요? 1960년 아베베는 로마 올림픽 마라톤 경기에 출전했어요. 원래 출전하기로 한 와미 비라투 선수가 발목 부상을 당해 얻은 소중한 기회였지요. 그런데 한 켤레밖에 없는 신발은 낡아 버렸고, 뒤늦게 대체 선수로 합류해 급히 지원받은 신발도 사이즈가 맞지 않아 아베베는 맨발로 42.195킬로미터를 달려야 했어요. 당시 야간에 펼쳐진 로마 올림픽 마라톤 경기를 보러 온 관중들은 결승선을 통과하는 아베베의 맨발을 보고 경악을 금치 못했지요. 튼튼한 운동화를 신고도 완주하기 어려운 42.195킬로미터를 맨발로 달렸으니 얼마나 쓰라렸을까요? 그럼에도 불구하고 아베베는 이 경기에서 2시간 15분 16초 2로 결승선을 통과하며 세계 신기록을 세웠어요.

아베베의 경기를 지켜본 전 세계의 사람들은 자신의 한계를 뛰어넘고 금메달을 목에 건 아베베에게 큰 박수를 보냈지요. 사람들이 아베베에게 박수를 보낸 건 비단 그가 금메달을 땄기 때문만은 아닐 거예요. 정상적으로 마라톤을 완주하기 어려운 상황임에도 불구하고 포기하지 않고 달리는 아베베의 모습이 관객들의 마음을 감동시켰지요.

이후 1964년 도쿄 올림픽 마라톤 경기에 참가해 우승한 아베베는 경기가 끝난 후 인터뷰에서 "저는 단지 달릴 뿐입니다. 저는 다른 사람과 경쟁해서 이기는 것보다 스스로 고통을 이겨 내는 것에 대해 늘 생각합니다. 포기하지 않고 끝까지 달리는 끈기야말로 승리의 비결입니다"라고 말하며 남과 비교하기보다 스스로의 한계에 도전하는 마음가짐으로 마라톤 경기에 임하는 태도를 드러냈어요.

그런데 어느 날 아베베에게 큰 사고가 났어요. 1969년 아베베는 승용차를 운전하다 목이 부러지고, 척추가 망가질 정도의 큰 교통사고를 당했어요. 급히 병원에 실려 갔지만 하반신이 마비되고 말았지요. 아베베는 달리는 건 물론 걸을 수조차 없어 평생 휠체어를 타고 다녀야만 하는 신세가 되었어요. 달릴 수 없는 마라토너라니, 절망적인 상황이었지요. 하지만 아베베는 이번에도 포기하지 않았어요. 그리고 "더 이상 두 다리로 달릴 수 없지만, 저에겐 아직 두 팔이 남아 있습니다!"라고 말하며 양궁과 탁구, 눈썰매 등

★ **패럴림픽** 올림픽이 끝난 후 올림픽 개최지에서 열리는 국제 신체 장애인 체육 대회.

다른 스포츠 종목에 도전했지요. 이후 아베베는 패럴림픽*의 양궁과 탁구 종목에 선수로서 참가하고, 1970년에는 노르웨이에서 열린 휠체어 눈썰매 크로스컨트리 대회에 참가해 우승을 거머쥐었지요.

1992년 스페인 바르셀로나 올림픽 마라톤 경기에 참가해 금메달을 딴 우리나라 선수가 있는데요, 바로 황영조 선수입니다. 황영조 선수가 마라톤 경기에서 금메달을 따기까지의 과정은 아베베만큼이나 결코 순탄하지 않았어요. 날씨도 무더운 데다가 바르셀로나 마라톤 경기 코스의 40킬로미터 지점에는 악명 높기로 유명한 '몬주익 언덕'이 있어 더

욱이 완주하기 힘들었지요. 황영조 선수는 마라톤 경기의 마지막 지점인 몬주익 언덕을 넘기까지 경기 내내 일본 선수와 함께 선두 다툼을 치열하게 펼쳤어요. 일본 선수를 제치고 먼저 결승선을 통과한 황영조 선수는 결승선을 통과하자마자 경기장에 엎드려 쓰러지고 말았지요. 자국의 국기를 들고 경기장을 돌며 관중에게 두 손을 흔드는 금메달 세리머니(ceremony)를 할 힘조차 남아 있지 않을 만큼 혼신의 힘을 다한 경기였어요.

42.195킬로미터라는 긴 거리를 쉼 없이 달리는 마라톤은 일반인이 쉽게 도전할 수 없는 스포츠 종목이에요. 선수가 아니라면 갖추기 힘든 엄청난 지구력과 강한 정신력을 요구하지요. 그래서 각종 기관에서는 선수가 아닌 일반인들도 마라톤을 즐길 수 있도록 5킬로미터 또는 10킬로미터로 코스를 축소한 마라톤 경기를 개최하고 있어요.

단지 긴 거리를 달릴 뿐인데 사람들은 왜 마라톤 경기를 감동적으로 보고 또 직접 즐기려 하는 걸까요? 단지 체력을 단련시키기 위해서만은 아닌 것 같아요. 결승선까지 완주하기 위해 체력을 기르고 다른 사람과 경쟁하며 도전 정신을 가질 수 있지요. 마라톤에 참가하는 순간만큼은 일상생활에서 벗어나 긴 거리를 달리며 스스로를 단련시킬 수도 있고요. 숨을 헐떡일 정도로 힘겨운 마라톤 코스를 완주하고 나면 다른 어려운 일에 도전할 수 있는 용기가 생겨요. 이 모든 것들이 많은 사람들이 마라톤을 비롯해 스포츠를 즐기는 이유이지요. 어떤가요? 여러분은 마라톤 경기에 도전하고 싶은 마음이 드나요?

★ 인간의 한계에 도전하는 철인들의 스포츠

마라톤은 스스로의 한계에 도전한다고 할 수 있을 만큼 엄청난 체력을 요구하는 스포츠 종목이에요. 그런데 마라톤 경기를 펼치기에 앞서 수영을 하고, 자전거를 타야 하는 스포츠 종목이 있어요. 한 경기 안에서 수영과 자전거, 마라톤 경기가 모두 펼쳐지지요.

이 종목의 이름은 트라이애슬론(triathlon)이라 불리는 '철인 3종 경기'입니다. 각 대회마다 코스가 다른데, 올림픽 표준 코스는 수영 1.5킬로미터, 사이클 40킬로미터, 마라톤 10킬로미터로 이루어져 있어요. 왜 이 스포츠 종목의 이름이 철인 3종 경기인지 알 것 같지요?

이처럼 힘든 스포츠 종목을 누가 즐기고, 참가하는지 의구심이 들 수도 있어요. 하지만 철인 3종 경기는 2000년 시드니 올림픽의 정식 종목으로 채택되었을 만큼 많은 사람들에게 사랑받는 스포츠예요. 마라톤처럼 코스를 줄여서 선수가 아닌 일반인이 즐기기도 하고요. 인간의 한계에 도전하는 스포츠 종목에서는 일상에서 체험하기 힘든 짜릿한 쾌감과 감동을 느낄 수 있거든요.

루틴, 긍정적인 행동 습관이 중요해!

스포츠 선수들은 경기를 안전하게 치르면서 우수한 성적을 거두기 위해 훈련해요. 그리고 스포츠 지도자와 함께 자신의 지난 경기와 다른 선수들의 경기를 분석하고 경기력을 향상시키기 위해 과학 분야의 도움을 받는 등 끊임없이 연구합니다. 기량이 비슷한 선수끼리는 아주 작은 차이로 경기의 승패가 갈리는 경우도 많아서 세세한 부분까지 놓치지 않고 신경 써요. 사소한 습관도 그냥 지나치지 않죠.

과거 미국의 프로 야구 리그인 메이저 리그*에서 활약했던 박찬호 선수는 경기에 출전하기 1시간 20분 전 그라운드로 나와 가볍게 뛰거나 스트레칭을 하며 몸을 풀었어요. 한 번도 이 습관을 빼먹은 법이 없었대요. 이 습관이 경기에서 승리하는 데 큰 도움이 된다고 믿었기 때문이지요.

★ 메이저리그 미국 프로 야구 연맹의 최상위 리그인 내셔널 리그와 아메리칸 리그를 이르는 말.

많은 스포츠 선수들이 자기의 어떤 습관이 경기에 영향을 미친다고 믿어요. 2008년 베이징 올림픽 수영 종목에서 금메달을 딴 박태환 선수는 경기가 있을 때면 늘 헤드셋을 착용하고 수영장에 들어섰어요. 음악을 들으며 긴장을 풀고 경기에 집중했지요. 경기에 앞서 특정한 음식을 꼭 먹거나, 유니폼의 한쪽 소매만 걷어붙인다거나, 경기 시작 전 항상 고개를 좌우로 여러 번 흔들며 경기에 임하는 선수도 있어요. 이처럼 몸의 컨디션을 좋은 상태로 유지하기 위해서 혹은 징크스*와 같은 심리적인 이유로 버릇처럼 하는 행동을 '루틴(routine)'이라고 해요.

★ 징크스(jinx) 불길한 징조를 불러일으키는 물건이나 어떤 행동.

루틴은 행동적 루틴과 인지적 루틴으로 나뉘어요. 스트레칭을 하거나 음악을 들으며 몸을 풀었던 박찬호 선수와 박태환 선수의 루틴은 행동적 루틴이에요.

테니스 경기에서도 선수들의 다양한 행동적 루틴을 찾아볼 수 있는데요, 테니스는 경기의 시작을 알리는 서브를 넣을 때 관중이 침묵을 지켜 주는 게 관례일 정도로 예민한 스포츠라고 해요. 선수들은 평소에 연습한 대로 서브를 넣기 위해 아주 작은 습관까지 신경 쓰며 엄청난 노력을 하지요.

세르비아의 노박 조코비치 선수는 손으로 공을 수십 번씩 튕기고 나서야 서브를 넣는 버릇을 가지고 있어요. 슬로바키아의 도미니카 시불코바 선수는 매 경기 공을 코에 대고 킁킁거리며 냄새를 맡은 뒤 서브를 넣어요. 그리고 공이 라켓에 닿는 순간 괴성을 질러요.

세계적인 테니스 선수인 스페인의 라파엘 나달은 서브를 넣을 때 공을 코트에 3번 튕기는가 하면, 이어서 엉덩이에 낀 바지를 항상 오른손으로 잡아서 **빼요**. 그다음 양쪽 어깨와 코, 귀를 차례대로 만지고 나서야 서브를 넣지요. 시합을 위해 경기장에 들어설 때는 라켓을 항상 왼손에 쥐고, 재킷을 벗을 땐 점프를 해요. 물이나 음료수 병의 위치도 매번 자기가 고집하는 방향으로 두지요. 미국의 일간지 〈USA 투데이〉에서 라파엘 나달 선수의 이러한 루틴들을 분석해 기사에 실었는데, 나달의 루틴을 일일이 세어 보니 무려 19가지나 되었다고 해요.

반면 행동이 아닌 특정한 말을 하거나 어떤 생각을 함으로써 좋은 결과를 낼 수 있다는 생각의 습관을 들이는 걸 인지적 루틴이라고 해요. 경기 전 감독이나 선수들이 경기에 임하는 각오를 밝힐 때 "자신 있습니다!" "열심히 연습했으니 당연히 승리할 겁니다!"라고 말하는 걸 본 적이 있나요? 긍정적인 말을 직접 표현하며 승리에 대한 자신감과 확신을 심어 주는 것도 바로 인지적 루틴이지요.

인지적 루틴의 대표적인 예로는 2016년 리우데자네이루 올림픽 펜싱 종목에서 금메달을 땄던 박상영 선수가 있어요. 당시 펜싱 결승전에서 박상영 선수가 "할 수 있다, 할

수 있다!"고 되뇌는 장면이 중계 카메라에 포착되었어요. 상대편 선수에게 점수를 많이 빼앗겨 패색이 짙은 상황에서도 스스로에게 자신감을 불어넣기 위해 마치 주문처럼 "할 수 있다!"고 말했지요. 놀랍게도 좀처럼 좁혀지지 않을 것 같던 점수 차가 서서히 좁혀지더니, 경기 종료 시간을 얼마 남겨 놓지 않은 상황에서 박상영 선수가 마침내 역전에 성공했어요. 시합 내내 경기를 포기하지 않고 긍정적인 말을 되뇌며 결국 승리를 거머쥔 박상영 선수의 모습은 우리에게 큰 기쁨과 감동을 안겨 주었지요. 박상영 선수가 결승전에서 기적처럼 승리할 수 있었던 건 "할 수 있다"고 말했기 때문만은 아닐 거예요. 평소 꾸준히 노력하며 실력을 연마했기에 어려운 상황에서도 당황하지 않고 끝까지 최선을 다해 좋은 결과를 낼 수 있었겠지요.

여러분도 중요한 시험을 치르거나 큰일을 앞두고 습관처럼 반복하는 행동이나 말이 있나요? 그것도 바로 루틴이에요. 루틴은 일상생활에서도 많이 이루어지고 있어요. 다만 스포츠 경기에서 보이는 선수들의 루틴은 스포츠의 경쟁이라는 특성 때문에 눈에 띄는 것 같아요. 스포츠에서 경쟁은 우리가 경기에 직접 참가하지 않아도 재미를 느끼게 해 주는 중요한 요소이지요. 스포츠 심리학자들은 선수들이 최상의 컨디션을 유지하고 경기에서 자기의 능력을 최대로 발휘하기 위해 루틴이 반드시 필요하다고 말해요. 루틴은 단순한 습관이 아니라 목표를 달성하기 위한 긍정적인 행동 습관인 거예요.

처음부터 잘할 순 없을까?

어떤 분야의 일이든지 태어나면서부터 잘하는 사람은 없다고 해요. 스스로 꾸준히 노력하지 않으면 저절로 이루어지는 법이 없지요. 프로 스포츠 세계의 정상에 도달하기 위해선 엄청난 노력이 필요해요. 그리고 노력의 결과는 단숨에 이루어지기보다 마치 계단을 오르는 것처럼 차근차근 나타나지요. 게임과 비슷한 원리예요. 게임에서 소위 만렙이라 불리는 정상의 위치까지 오르기 위해 각 단계의 미션을 차례로 수행하는 것처럼 말이지요.

미국 프로 야구 메이저리그에는 세계적으로 기량이 뛰어난 선수들이 즐비해요. 야구 선수라면 누구나 메이저리그 진출을 꿈꾸지요. 하지만 메이저리그 경기에는 실력이 아주 좋은 소수의 야구 선수들만이 참가할 수 있어요. 메이저리그에 진출하지 못한 선수들은 하위 리그인 마이너리그에서 경기를 펼치지요. 마이너리그 안에서도 여러 단계의 등급이 존재하는데요, 마이너리그에서는 메이저리그보다 훨씬 더 많은 선수들이 더 높은 성적을 거두기 위해 치열한 경쟁을 벌여요. 눈에 뛰는 성과를 보여 준 선수들은 메이저리그로 진출하지요.

영국의 축구 리그도 마찬가지입니다. 축구의 본고장인 영국에는 가장 등급이 높은 1부 리그인 프리미어리그를 선두로 총 24부의 축구 리그가 있어요. 또 그 아래에 아마추어 리그가 있지요. 세계적으로 사랑받는 스포츠 종목인 축구의 여러 리그 중에서도 영국의 프리미어리그는 가장 인기가 많은 축구 리그 중 하나인데요, 과거 우리나라의 박지성 선수가 속해 있던 맨체스터 유나이티드를 비롯해 첼시, 리버풀, 아스널 등 스포츠에 관심 없는 사람들도 한 번쯤 들어 봤을 법한 축구팀들이 프리미어리그에 속해 있지요. 프리미어리그 아래의 여러 리그에 속한 축구팀들은 더 높은 리그로 진입하기 위해 훈련하고 매 경기에 최선을 다해요. 경기에서 승리한 팀은 진출의 기쁨을, 패배한 팀은 하부 리그로 내려가는 슬픔을 느끼지요.

더 강한 선수와 팀만이 높은 리그로 진출하는 적자생존

의 스포츠 세계가 잔인하다고 느낄 수 있어요. 하지만 스포츠 경기는 현실 세계와 달리 누구에게나 차별 없이 주어지는 규칙 아래에서 승부를 겨루기 때문에 선수들은 어려운 상황에서도 쉽게 좌절하지 않고 승리를 위해 구슬땀을 흘려요. 정정당당히 승부를 펼치고 나면 만일 경기에서 패배하더라도 포기하지 않고 다음 경기를 위한 준비를 하지요. 그래서 스포츠 세계에선 무엇보다 공정함이 가장 중요해요. 공정함을 갖춘 스포츠 세계에선 승리의 기쁨은 물론이고 부족한 부분을 보충하고 다음을 기약하는 패배의 가치를 배울 수 있어요.

한편 스포츠 종목은 개인 종목과 단체 종목으로 구분할 수 있는데요, 육상과 수영, 태권도 등 주로 개인의 기량을 겨루는 개인 종목과 축구와 농구, 컬링 등 하나의 팀을 이루어 팀끼리 승부를 겨루는 단체 종목으로 나누어지지요.

이 중 단체 종목에는 '후보 선수'가 있어요. 팀의 주력 선수인 주전 선수가 경기에 참가하지 못하는 만일의 상황을 대비한 예비 선수로 대체 선수 혹은 백업(back-up) 선수라고도 불러요. 또 경기에 매번 출전하지는 않지만 벤치에 앉아 출전을 대기하는 선수를 벤치 워머(bench warmer)라고 부릅니다. 경기를 주력으로 뛰는 주전 선수들도 중요하지만, 이들을 대신해서 경기에 참가하는 후보 선수들의 역할도 매우 중요해요.

특히 농구에서 후보 선수 중 가장 뛰어난 선수를 이르는 '식스맨(sixth-man)'은 후보 선수의 중요성을 잘 보여 줍니다. 농구는 한 경기에 두 팀이 각각 5명씩 출전해 펼치는 구기 종목인데요, 5명의 주전 선수를 제외한 후보 선수들 중 가장 실력이 뛰어나 언제든지 경기에 투입될 수 있는 선수가 바로 식스맨이지요. 농구의 여러 팀 가운데 가장 뛰어난 팀은 식스맨의 기량이 뛰어난 팀이라고 여겨질 만큼 경기 운영에서 식스맨의 역할은 막중해요.

아무리 주전 선수들의 실력이 뛰어나더라도 뒤에서 팀을 받쳐 주는 후보 선수들이 없다면 그 팀은 좋은 성과를 거두기 어려울 거예요. 주전 선수가 예기치 못한 부상을 당하거나 슬럼프*에 빠졌을 때 주전 선수를 대신해 뛰어 줄 후보 선수가 없다면 경기 진행이 불가능해지기도 하거든요.

★ 슬럼프 자기 실력을 발휘하지 못해 긴 시간 동안 성적을 내지 못하는 상황.

팀이 좋은 성적을 거두기 위해선 주전 선수와 후보 선수들 모두 각자의 역할에 최선을 다해 경기를 펼쳐야 해요. 역할에 충실하며 부족한 부분을 보완하고 성장한 후보 선수에겐 주전 선수로 도약할 기회가 생기지요. 우리가 살고 있는

현실에서도 자기에게 주어진 역할의 크기를 넘어 맡은 일에
책임을 다하고 성실히 수행한 사람에게 더 많은 기회가 주
어진답니다.

국가대표라는 자리의 의미

스포츠 선수는 많은 사람들이 선망하는 직업 중 하나입니다. 하지만 스포츠를 좋아하고 즐기는 모든 이들이 스포츠 선수가 되는 건 아니에요. 아마추어를 넘어 프로 선수의 기량을 갖추기 위해선 재능은 물론 엄청난 노력이 필요하지요.

특히 한 나라를 대표하는 국가대표 선수가 된다는 건 더욱 어려운 일입니다. 이미 뛰어난 실력을 갖춘 프로 선수들끼리 경쟁을 벌여야 하니까요. 아주 작은 기량 차이로 국가대표가 되느냐, 마느냐가 결정되기도 하지요. 수영과 육상처럼 기록을 다투는 종목에선 단 0.001초의 차이로 승부가 갈리는 경우도 많아요. 세계적으로 뛰어난 기량을 갖춘 우리나라의 쇼트트랙, 양궁 종목의 국가대표 선발전은 세계 대회 만큼이나 경쟁이 치열하다고 하는데요, 농담 섞인 말로 올림픽에서 금메달을 따는 것보다 국내 국가대표 선발전을 통과하는 게 더 힘들다고 할 정도이지요.

치열한 선발전을 거쳐 국가대표로 발탁된 선수들은 세계의 국가대표 선수들과 승부를 겨루기 위해 강도 높은 훈련을 받아요. 충청북도 진천에는 우리나라 국가대표 선수들이 전용으로 훈련할 수 있는 선수촌이 마련되어 있어요. 이들은 우리나라를 대표한다는 사명감과 자긍심을 가지고 훈련에 임하지요. 그래서 국제 대회에서 우수한 성적을 거둔 국가대표 선수들은 태극기를 손에 들고 경기장을 돌며 개인의 기쁨과 함께 우리나라를 대표하는 선수로서 이룬 성과임을 밝히는 세리머니를 해요.

그런데 안타깝게도 올림픽 금메달을 땄지만 자국을 대표하는 선수임을 떳떳하게 밝힐 수 없었던 적이 있어요. 대한민국이 일본의 식민지였던 1936년, 베를린 올림픽 마라톤 경기에서 세계 신기록으로 금메달을 딴 우리나라의 손기정 선수는 태극기가 아닌 일본의 국기인 일장기를 달고 경기에 참가해야 했거든요. 1등으로 마라톤 결승선을 통과한 손기정 선수는 고개를 푹 숙이고 월계수로 가슴에 새겨진 일장기를 숨기며 시상대에 올라갔어요. 베를린 올림픽 이후 1945년에 우리나라가 일본으로부터 해방되고 1988년 서울 올림픽을 개최했을 때 손기정 선수는 올림픽의 상징인 성화 봉송 주자로 선정되어 과거의 서러움을 씻어내며 국민들에게 감동을 안겨 주었지요.

한 나라를 대표하는 국가대표 선수는 개인의 뛰어난 기량만을 과시하는 자리가 아니에요. 나라를 대표한다는 사명감과 무거운 책임감이 뒤따르는 자리이지요.

1936년 베를린 올림픽

우승을 했지만 조국의 국가를 들을 수 없다니…

1988년 서울 올림픽

성화 봉송 주자로 뛰었다!

후후후~

기쁘다! 조국에서 뛸 수 있어서~

2장

이기는 것보다
중요한 게 있다고?

보이지 않는 규칙, 불문율

세상에는 지켜야 할 수많은 규칙이 있어요. 이 규칙은 너무나 많고 복잡해서 사람들은 그중에서도 꼭 지켜야 할 규칙을 선정해 법으로 만들었지요.

한편 법과 달리 사람들 사이에서 암묵적으로 지켜지고 있는 규칙도 있어요. 바로 '불문율'입니다. 법으로 지정되진 않았지만 관습처럼 따르는 규칙이지요. 대중교통을 탈 때 줄을 서는 것, 다른 사람의 발을 밟았을 때 사과하는 것처럼 말이에요. 사회 구성원 사이에서 관습처럼 지켜지는 불문율은 서로를 배려하고 존중하는 사회를 만들어요. 불문율은 지키지 않더라도 처벌받지 않지만 만일 어긴다면 배려가 부족하다거나 비도덕적이라고 사회적인 질타를 받게 되지요.

스포츠도 마찬가지입니다. 스포츠는 각 종목마다 고유의

경기 규칙이 있어요. 하지만 이것만으로는 경기가 원활하게 진행되지 않아요. 이를 보완하는 것이 바로 스포츠 세계의 보이지 않는 규칙인 불문율입니다.

우리에게 익숙한 스포츠 종목인 야구를 예로 들어 볼까요? 미국 프로 야구 메이저리그에서는 '배트 플립(bat flip)'이 선수들 사이에서 금지된 행위로 여겨집니다. 배트 플립이란 야구 경기에서 타자가 홈런을 친 다음 1루로 달려 나가면서 야구 방망이를 던지는 세리머니예요. 우리나라와 일본, 대만의 프로 야구에서는 배트 플립이 일반적이지만 메이저리그에서는 배트를 던지는 행위가 상대 투수의 감정을 자극시킨다는 이유로 배트 플립을 삼가고 있어요.

스포츠 세계에는 규칙으로 정하진 않았지만 경기 중에는 언제나 상대방의 감정을 존중해야 한다는 불문율이 있거든요. 홈런을 맞은 상대편 투수의 속상한 감정을 헤아리지 못하고 야구 방망이를 던지며 기쁨을 과시하는 배트 플립을 메이저리그에서는 상대편을 배려하지 않는 태도라고 여기는 거예요.

또한 메이저리그에서는 타자가 홈런이 예측되는 공을 친 뒤 외야로 날아가는 공을 오랫동안 쳐다보는 것도 실례라고 해요. 승리가 거의 확정되었을 정도로 점수를 크게 앞

한국 프로 야구에서는 배트 플립이 가능하다.

유후~ 홈런이당~

휙~

일명 빠던이라고 하지. (배트의 속어인 빠따와 던지기의 줄임말)

이걸 본 미국 관객은 상당히 흥분!

배트 플립을 하다니!

그래도 돼?

헉!

뭘 그렇게 놀래? 한국에서는 팬 서비스 같은 건데…

그렇구나… 미국에서는 안 된다는게 불문율이라.

근데 배트 플립이 멋있긴 해.

선 팀이 기습 번트*나 도루*를 시도하는 행위도 상대팀을 모욕하는 행위로 여겨져요. 상대팀이 승부를 겨룰 의지를 내려놓을 정도로 승부가 확정된 상황에서 공격적인 경기 운

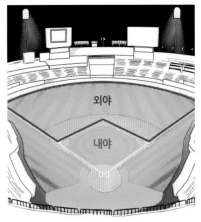

야구 용어-외야와 내야 ⓒ 국립국어원

영은 비신사적인 행동이니까요. 그래서 오래전부터 점수를 크게 앞서고 있는 팀은 번트와 도루를 삼가는 것이 야구 경기에서 불문율로 자리 잡았지요.

　농구 경기에는 어떤 불문율이 있을까요? 농구 경기는 총 4쿼터로 이루어져 있어요. 1쿼터당 주어진 경기 시간은 10분으로 전체 경기는 쉬는 시간과 추가 경기 시간을 제외하면 총 40분 동안 진행됩니다. 마지막 경기인 4쿼터에서 점수를 크게 앞서고 있는 팀은 작전 시간을 갖지 않아요. 승리가 거의 확정된 상황에서 갑자기 작전 시간을 가지는 건 상대

✱ **번트** 투수가 던진 공에 배트를 갖다 대어 공이 가까운 거리에 떨어지도록 하는 야구 타법.
✱ **도루** 야구에서 주자가 상대편의 수비가 허술한 틈을 타 다음 베이스로 가는 것.

팀을 자극하는 행동이 될 수 있거든요. 작전 시간은 승리하기 위한 전략을 짜는 시간인데, 승리가 거의 확정된 경기에서 작전 시간을 갖는 건 일부러 시간을 끌어서 상대팀을 모욕하는 행위이지요.

축구 경기에서는 경기 중 경기장에 쓰러져 부상이 염려되는 선수가 발생하면 공을 경기장 밖으로 차내어 경기를 중단하고 다친 선수를 보살필 시간을 확보해요. 부상당한 선수의 치료가 끝난 뒤에는 공을 차낸 팀에게 공을 돌려주지요. 반드시 이렇게 경기 운영을 해야 한다는 축구 규정은 없지만 모든 축구 선수가 이러한 보이지 않는 규칙을 지키고 있어요. 승부와 상관없이 부상을 당해 쓰러진 상대 선수를 향한 배려이지요.

이처럼 각 종목마다 암묵적으로 지켜지는 불문율은 스포츠 선수들로 하여금 서로 배려하며 안전한 경기를 펼칠 수 있도록 하지요. 어떤가요? 경쟁 뒤에 가려진 스포츠의 다양한 가치들이 보이나요? 스포츠 세계에는 승리보다 값진 배려와 존중의 가치가 자리하고 있답니다.

세리머니에도 예의가 필요해!

스포츠에서 세리머니란 경기에서 점수를 내거나 승리했을 때 기쁨을 표현하는 행위예요. 세리머니를 할 때도 지켜야 할 규칙이 있어요. 세리머니는 관중의 흥을 돋우고 볼거리를 제공한다는 긍정적인 면이 있지만, 때때로 기쁨의 표현이라기보다 오히려 상대편을 불쾌하게 만드는 무례한 행위가 될 수도 있거든요. 세리머니를 할 때에도 상대편에 대한 배려와 예의를 갖추어야 해요.

2014년 브라질 월드컵 아시아 최종 예선전에 오른 우리나라와 이란의 국가대표 축구 경기가 2013년 여름 울산에서 열렸어요. 당시 승리한 이란의 카를로스 케이로스 감독은 경기가 끝난 후 주먹으로 한국팀을 향해 욕설을 하는 듯한 행동을 취하며 승리의 기쁨을 표현했어요. 이 행동은 패배한 상대팀에 대한 예의를 갖추지 못한 세리머니로 당시 세계 여론의 거센 비판을 받았지요.

2014년 프랑스 축구 리그에서는 파리 생제르맹 축구팀의 공격수 에딘손 카바니 선수가 골을 넣은 후 상대팀을 향해 총을 쏘는 듯한 세리머니를 했어요. 당시 경기 주심은 카바니 선수의 총 쏘기 세리머니를 상대팀을 비하하는 행동으로 간주해 카바니 선수에게 경고를 주고 퇴장시켰어요.

반면 점수를 낸 기쁨을 표현하면서 상대편에 대한 예의까지 챙긴 세리머니로 지금까지 스포츠 팬들에게 전해지고 있는 좋은 세리머니가 있어요.

2010년 5월 우리나라와 일본의 축구 국가대표 평가전 경기가 있었어요. 일본에서 치러진 터라 관중석은 일본인 관중으로 가득 차 있었지요. 당시 경기가 시작하기도 전 관중석에서 우리나라 축구 대표팀에게 야유를 퍼붓는 소리가 들려왔어요. 일본 관중의 텃세에도 불구하고 경기가 시작된 지 5분 만에 우리나라의 박지성 선수가 첫 골을 넣었어요. 어느 경기보다 열기가 뜨거운 한일전에서 골을 넣었으니 얼마나 기뻤을까요? 하지만 박지성 선수는 화려한 골 세리머니 대신 관중석을 응시하며 마치 산책하듯이 경기장을 한참 동안 달렸어요. 이른바 '산책 세리머니'라 불리는 박지성 선수의 세리머니는 상대팀을 자극하지 않으면서 일본 관중의 야유에 경고하며 차분하게 득점의 기쁨을 표현한 세리머니로 지금까지도 스포츠 팬들에게 명장면으로 손꼽혀요.

한때 라이언 킹이라는 별명을 지녔던 우리나라의 야구 선수 이승엽 타자의 세리머니도 인상적이에요. 홈런을 친

타자의 최고의 순간은 상대팀 투수에겐 최악의 순간이기도 합니다. 이승엽 선수는 은퇴할 무렵 홈런을 쳤을 때 홈런을 맞은 상대 투수를 배려해 배트를 던지거나 환호하며 펄쩍펄쩍 뛰는 별다른 세리머니를 하지 않았어요. 세리머니를 하지 않은 것이 또 하나의 겸손한 세리머니가 된 거예요.

승부를 겨루는 스포츠 경기에선 함께하는 상대편이 있어야 나의 존재도 의미가 있어요. 혼자서는 승부를 겨룰 수 없으니까요. 그래서 더욱 서로를 존중하며 경기 운영을 펼치는 것이 중요해요. 스포츠 경기 안에서만큼은 서로가 서로에게 존재 의미가 되어 주는 것이니까요. 따라서 승리의 기쁨을 만끽할 때에도 상대방을 배려하는 마음이 필요합니다. 스포츠 경기의 목표는 승리이지만 이보다 상대방의 처지를 헤아리고 존중하는 태도가 중요하지요.

승자든 패자든 지켜야 할 마음가짐

'스포츠맨십(sportsmanship)'이라는 말을 들어 본 적이 있나요? 스포츠맨십이란 스포츠 경기에 참가하는 사람이 갖추어야 할 태도와 마음가짐을 의미합니다. 경기 규칙을 준수

하며 정정당당하게 경기에 임하고 결과에 승복하는 태도이지요. 다른 말로는 페어플레이 정신이라고도 부릅니다. 앞서 이야기했던 보이지 않는 규칙인 불문율을 지키는 것과 예의를 갖춘 세리머니를 선보이는 것도 스포츠맨십이지요.

스포츠 세계에는 "영원한 승자도, 영원한 패자도 없다"라는 말이 있어요. 승자가 언젠가는 패자가 될 수 있고, 패자 역시 언젠가는 승자가 될 수 있는 스포츠 세계의 특성을 잘 드러내는 말이지요. 그래서 스포츠를 즐길 때는 섣부른 자만과 포기는 경계해야 해요. 자만하지 않고 최선을 다해 경기를 포기하지 않는 것 또한 스포츠맨십이에요.

지난 2018년 겨울, 우리나라에서 열린 평창 올림픽을 기억하나요? 당시 스피드 스케이팅 여자 500미터 결승전에서 우리나라의 이상화 선수가 아쉽게 은메달을 확정 지은 후 태극기를 들고 경기장을 돌며 하염없이 눈물을 흘린 장면이 인상 깊었는데요, 그때 이상화 선수를 꼭 안아 주며 위로해 주던 한 선수가 있어요. 바로 결승전에서 이상화 선수를 제치고 금메달을 목에 건 일본의 고다이라 나오 선수였습니다. 고다이라 선수는 이상화 선수에게 다가가 "난 당신을 존경해"라고 위로의 말을 건네었지요. 이에 이상화 선수는 "나는 500미터 종목만 참가했는데 1,000미터와 1,500미

터 종목까지 참가한 네가 정말 자랑스러워"라고 답했어요.

당시 세계의 언론은 이상화와 고다이라 나오 두 선수가 진정한 스포츠맨십을 보여 주었다고 크게 보도했지요. 두 선수는 승자가 패자를 위로하고, 패자가 승자를 인정하는 태도를 보여 준 거예요.

이처럼 스포츠맨십에는 경기에서 진 패자를 배려하고, 승리를 거둔 승자를 존중하는 마음이 담겨 있어요. 스포츠맨십이 부족하면 상대편을 배려하지 못하고 경기의 과정이 아닌 승부에만 집착하게 되겠지요. 경기의 과정을 중요하게 여기지 않으니 경기의 결과만을 좇는 거예요.

스포츠의 속성이 경쟁뿐이라면 우리가 스포츠를 계속 즐길 수 있을까요? 스포츠에는 경쟁 뒤에 가려져 있는 더 많은 가치들이 있어요. 그중 스포츠맨십은 스포츠 경기에 참가하는 선수들의 평화와 화합을 도모하면서 스포츠의 속성이 경쟁에만 치우치지 않도록 균형을 잡아 주는 역할을 하고 있지요.

인사하지 않으면 감점하는 종목이 있다고?

인사는 서로의 안부를 묻고 예의를 표현하는 매우 중요한 예절이에요. 스포츠에서도 인사 예절은 정말 중요하답니다. 스포츠 경기는 상대편 선수에 대한 예의를 바탕으로 진행되거든요. 선수들이 서로 인사를 하며 '저는 당신을 존중합니다'라고 예의를 표현하지요.

모든 스포츠 종목에서 인사 예절은 필수입니다. 그중 태권도, 유도, 권투 등의 투기* 종목에서는 인사를 더욱 강조하지요. 이러한 투기 종목에서 경기가 시작되기 직전, 두 선

> ＊ **투기** 유도, 레슬링 등과 같이 경기에 참가한 선수끼리 맞붙어 싸우는 방식의 경기.

수는 심판 앞에서 서로 인사하고 악수를 나누며 곧 시작될 경기에 정정당당하게 임하겠다는 무언(無言)의 약속을 해요. 그리고 승부가 결정된 후에도 두 선수가 마주 서서 고개를 숙여 인사하거나 악수를 한 뒤에 비로소 경기를 끝내요. 두 선수가 경기 내내 승부를 두고 치열하게 싸운 상대 선수에 대한 예의를 인사로 표현하는 거예요. 같은 종목의 선수로서 서로를 존경하는 마음을 담기도 하지요. 앞서 말했던 이상화와 고다이라 나오 선수처럼 자기와 싸운 상대 선수에 대한 위로의 마음을 담기도 하고요.

배구나 배드민턴, 테니스처럼 경기장 한가운데 네트가 설치되어 있는 구기 종목도 마찬가지입니다. 네트 때문에 경기에 참가하는 선수들이 서로 멀찍이 떨어져 있지만 경기가 끝나면 상대 선수에게 다가가 네트 밑으로 악수하며 인사를 나누어요. 승부를 겨루는 경기가 끝난 뒤 승자와 패자가 서로 손을 잡고 인사를 나누는 장면은 관중들로 하여금 감동과 훈훈함을 느끼게 합니다.

가만 보면 스포츠 경기는 승부를 가리는 것이 끝이 아니라 선수들이 서로 마지막 인사까지 주고받아야 비로소 경기의 모든 과정이 끝나는 것 같아요. 인사로 시작해 인사로 끝나는 것이 바로 스포츠인 거예요.

우리나라는 예로부터 예의를 중요하게 여겼어요. 오래전 중국은 우리나라를 예의가 밝은 동쪽 나라라는 뜻의 동방예의지국이라고 불렀지요. 스포츠 현장에서도 이러한 면모가 드러나기도 했답니다.

경기 시작 1시간 20분 전마다 그라운드로 나와 몸을 푸는 루틴을 가졌던 우리나라의 박찬호 야구 선수는 메이저리그에 진출했을 때 경기에 임하기 전 마운드*에 서서 모자를 벗고 주심 쪽을

★ 마운드 야구에서 투수가 공을 던질 때 서는 곳.

향해 고개를 숙여 인사했어요. 미국에서는 박찬호 선수의 인사를 인상 깊게 보고 겸손하고 예의 바른 선수라고 칭찬했어요.

야구 경기에서 투수가 던진 공이 타자의 배트가 아닌 몸에 닿으면 그 타자는 자동으로 1루로 진출해요. '데드볼(dead ball)'이라고 하지요. 타자가 안타를 치지 않고 1루로 진출할 수 있으니 타자에게 유리한 규칙일 수 있지만, 타자의 입장에서 생각해 보면 자기의 의도와 상관없이 빠른 속도로 날아오는 공에 맞은 것이니 기분이 나쁠 수 있는 일이에요. 데드볼에 맞아 1루로 나가는 타자들의 얼굴을 보면 심지어 화가 나 있을 때도 있지요. 그래서 데드볼을 맞힌 투수는 사과의 의미로 1루로 나가는 타자를 향해 모자를 벗고 고개를 숙여 정중하게 인사를 해요. 그럼 타자도 투수에게 손을 흔들며 괜찮다는 의미의 답례를 하지요. 데드볼로 인한 투수와 타자의 인사는 서로에게 예의 있는 행동인 건 물론이고 서먹하고 긴장감이 돌던 경기장의 분위기를 부드럽게 풀어 준답니다.

한편 한국 프로 야구 리그에서 활동하는 외국 선수들이 우리나라 야구 선수들의 인사 장면을 보고 한국의 야구 문화에 적응하기 위해 인사를 따라 하기 시작했어요. 해외 야구 경기에서는 경기 시작 전에 나누는 선수들의 짧은 인사나 투수가 타자에게 데드볼을 맞혔을 때 하는 인사가 일반적이지 않거든요. 이제 한국 야구 경기에서 데드볼을 맞힌 외국인 투수의 인사는 어렵지 않게 볼 수 있어요. 처음 외국 선수들의 이러한 인사를 봤을 땐 낯설기도 했지만 한국 야구 팬으로서 빙그레 웃음 짓게 됩니다.

사실 스포츠 경기에서 인사는 자발적인 의사에 따라 마음에서 우러나올 때 행하는 것이 가장 바람직한데요, 몇몇 스포츠 종목에서는 인사를 경기 규칙으로 규정하고 인사를 하지 않았을 때 해당 선수에게 직접적인 불이익을 주기도 해요.

2018년 인도네시아에서 개최된 아시안게임 체조 종목 결승전에 출전한 우리나라의 김한솔 선수는 아주 완벽한 체조 연기를 선보였는데요, 경기 내내 관중석에서 감탄사가 쏟아져 나왔고 각종 어려운 기술도 실수 없이 해내어 완벽하게 경기를 마쳤지요. 그런데 뜻밖의 일이 일어났어요. 김한솔 선수가 선보인 완벽한 연기에 비해 낮은 점수가 나온 거예요. 체조 종목에는 '연기를 마친 선수는 심판진을 향해 인사를 해야 하며, 이를 어길 경우 0.3점을 감점한다'라는 경기 규칙이 있는데 그만 마지막 인사를 깜박하고 만 거예

요. 완벽한 체조 연기를 선보였지만 결국 규칙에 따라 감점
을 받은 것이지요.

　인사는 일상에서 누군가를 만날 때 가장 마음을 쉽게 표
현할 수 있는 가장 기본적인 행위입니다. 인사는 아무리 자
주 해도 질리지 않는다는 말도 있어요. 스포츠 세계에서
도 인사는 미안함이나 고마움 또는 경기를 무사히 끝냈다
는 감사함 등 경기에 임하는 선수들의 마음을 표현하는 수
단으로 행해지고 있어요. 과연 스포츠를 또 다른 사회라고
부를 만하지요?

스포츠 종목 중에서 야구는 유일하게 '희생'이라는 단어를 정식으로 사용해요. 야구에서 희생이란 타자가 스스로 희생해 아웃됨으로써 다른 주자가 한 루를 더 나갈 수 있도록 하는 경기 방식을 의미합니다.

희생을 하는 방식으로는 타자가 번트를 치고 아웃되는 희생 번트와, 공을 높이 뜨게 친 다음 아웃되는 희생 플라이가 있어요. 희생 번트와 희생 플라이는 모두 타자가 점수를 내기 위해 스스로 아웃되는 경기 방식이어서 희생 플레이 혹은 희생타라고 부르기도 하지요.

다른 종목에도 야구의 희생 플레이와 비슷한 경기 방식이 있는데요, 축구와 농구에서 동료 선수가 골을 성공시킬 수 있도록 공을 넘겨주는 행위를 '도움(assist)'이라고 해요. 하지만 경기에서 퇴장하면서까지 희생해 팀에 도움이 되는 경기 운영 방식은 오직 야구에서만 찾아볼 수 있어요.

야구에서는 왜 자기를 희생하면서까지 경기를 운영하는 방식이 필요한 걸까요? 1~2점이 반드시 필요한 상황에서 안타를 쳐 주자를 한 루라도 더 진루시켜 점수를 내야 할 때, 희생 플레이는 주자를 진루시킬 수 있는 가능성이 가장 높은 방법이거든요. 다만 희생하는 타자는 스스로 아웃되어야 하니 다음 공을 칠 수 있는 기회를 잃어버리는 셈이 되지요. 그래서 야구 규칙에서는 희생한 타자의 희생타는 타자의 타율에서 제외해요. 희생 번트를 성공시킨 타자가 대기석으로 들어오면 다른 선수들과 코치들은 격려와 고마움의 인사를 하지요.

희생 번트는 가장 적극적으로 활용되는 희생 플레이 방식인데요, 하지만 투수가 빠르게 던진 공에 타자가 정확하게 번트를 대는 건 생각보다 어려운 일이에요. 투수는 타자가 번트를 할 수 없도록 공을 던지는데, 타자는 그 공을 야구 방망이로 맞출 때 공이 나아갈 방향까지 계산해야 하거든요. 그래서 실제로 희생 번트를 시도하더라도 실패로 끝나는 경우가 많아요.

일본의 프로 야구 리그에는 희생 번트를 전문적으로 잘하는 선수가 있었어요. 전 프로 야구 선수였던 가와이 마사히로입니다. 지금은 선수 생활을 끝내고 야구 해설가로 활동하고 있어요. 가와이 마사히로가 선수 시절 성공한 희생 번트는 무려 533개예요. 가장 많은 희생 번트를 성공한 야구 선수로 기네스북에 실리기도 했지요. 당시 가와이 마사히로의 번트 성공률은 거의 100퍼센트에 이르렀고 수비까지 잘해 많은 경기에서 팀의 승리를 이끌

었어요. 번트의 달인이라고 불리던 가와이 마사히로는 한 인터뷰에서 희생 번트를 자주 시도하는 자기의 경기 운영 방식을 두고 "저는 홈런보다 보내기 번트로 세계 기록을 세운 것이 정말 기뻐요. 저의 보내기 번트로 앞 주자가 진루하고 득점하는 것을 보면 그것으로 만족합니다"라고 말했어요.

3장
함께 즐기면
더 좋은 스포츠!

라이벌이라는 성장의 원동력

스포츠 경기를 보면 유독 빈번하게 맞붙으며 승부를 다투는 두 선수가 있어요. 이들은 우열을 가리기 힘들 정도로 비슷한 기량을 가지고 있어 승부에 흥미진진함을 더하지요. 이처럼 서로 같은 목표를 두고 경쟁하는 기량이 비슷한 상대편을 '라이벌'이라고 해요. 누가 더 능력이 뛰어난지 구분할 수 없을 정도로 실력이 비슷한 경쟁자이지요.

오늘날 우리가 사용하는 라이벌이라는 말은 라틴어인 '리발리스(rivális)'라는 말에서 유래되었어요. 강(river)이나 개울물을 함께 사용하는 사람들이라는 의미를 가지고 있지요. 오래전 농업이 주된 산업이었을 때 강물은 매우 중요한 자원이었어요. 강물을 함께 사용하는 이웃들은 서로 교류하고 협력하며 지냈지요. 특히 장마철이나 홍수가 났을 땐 서로 힘을 합쳐 강둑을 쌓아 강물이 넘치는 것을 막아

62

야 했어요. 반대로 가뭄이 들어서 물이 모자라게 되면 먼저 강물을 끌어 쓰기 위해 치열한 경쟁을 벌였어요. 강물이 풍족할 땐 따뜻한 이웃사촌이지만, 가뭄이 들어 강물이 부족할 땐 먼저 강물을 끌어다 쓰기 위해 경쟁해야 하는 맞수, 즉 라이벌이 되었지요.

경쟁이라는 속성이 돋보이는 스포츠 세계에서 라이벌은 스포츠 경기를 더욱 흥미진진하게 하는 요소예요. 실제로 스포츠 선수들의 인터뷰를 보면 라이벌 선수와 경기를 맞붙게 되었을 때 더 비장한 각오로 경기했다고 말하는 사례가 많아요.

여러분은 스포츠 라이벌이라 하면 누가 제일 먼저 떠오르나요? 오늘날 대중에게 가장 널리 알려진 스포츠 라이벌을 꼽자면 축구 종목에서 활약하고 있는 아르헨티나의 리오넬 메시와 포르투갈의 크리스티아누 호날두 선수가 아닐까 해요. 각각 자기의 소속팀에서 최고의 주전 선수로 활약하고 있는 두 선수 가운데 어떤 선수가 더 축구를 잘하는지 전 세계 축구 팬들이 논쟁을 벌이고 있지요. 두 선수가 소속된 팀이 맞붙거나 국제 경기가 열리면 온 세계 축구 팬들과 언론이 관심을 가져요. 실제로 축구 선수에게 가장 명예로운 상이라 불리는 발롱도르 수상은 2008년 이후

라이벌의 어원이 된 리발리스

이들은 강물이 풍족할 때는 평화로운 이웃 사촌이고

농사 잘 돼가?

응! 그쪽은?

홍수가 나면 힘을 합쳐 강의 범람을 막지만

거기 막았어?

쏴~

어! 그쪽은 다 막은 거지?

가뭄이 들면 한정된 물을 쓰기 위해 서로 경쟁한다.

저쪽이 더 가져가기 전에 빨리 옮기자!

경쟁이 치열하네.

우리가 더 많이 가져와야 해!

2021년까지 2018년 수상자 모드리치 선수를 제외하면 메시와 호날두 선수가 모두 차지했어요.

이 외에도 1990년대 우리나라 프로 야구에서 최고의 투수 자리를 두고 경쟁했던 해태 타이거즈의 선동열 선수와 롯데 자이언츠의 최동원 선수 그리고 2000년대부터 2010년대까지 세계의 주목을 받았던 피겨 선수 김연아와 아사다 마오 선수도 스포츠 경기를 더욱 흥미진진하게 만들어 준 라이벌 선수이지요. 우리나라 프로 야구팀인 엘지 트윈스와 두산 베어스는 같은 연고지와 홈 경기장을 공유하는 라이벌 팀으로 유명해요. 오래전부터 라이벌이었던 미국 메이저리그의 뉴욕 양키스와 보스턴 레드삭스의 경기는 각 팀의 팬뿐만 아니라 전 세계 야구팬이 관심을 가지고 흥미로워 하지요.

그런데 스포츠 세계에서 라이벌은 단지 대중의 흥미를 끌기 위해서만 존재하는 걸까요? 메시와 호날두 선수는 서로에게 어떤 의미일까요? 승부를 두고 싸우는 적일까요? 하지만 라이벌은 싸워서 이겨야만 하는 적이 아니에요. 라이벌은 경쟁자 이전에 함께 살아가는 협력자이자 조력자이거든요. 만일 강물을 혼자 차지할 목적으로 라이벌을 무찔러 버린다면 어떤 일이 벌어질까요? 홍수가 일어나 강물이 넘치는 위기 상황을 혼자 감당해야겠지요. 하지만 라이벌과 함께라면 넘치는 강물도 손쉽게 막을 수 있을 거예요.

　서로 라이벌 관계인 스포츠 선수들은 승리라는 같은 목표를 위해 자극을 주고받으며 훈련하고 경기에 임해요. 라이벌에게서 자기가 가지지 못한 장점을 배워 익히기도 하지요. 라이벌은 경쟁자이기도 하지만 서로 협력하며 같은 목표를 향해 함께 나아가는 동료인 거예요.

★ 스포츠 롤모델 이야기

　롤모델(role model)이란 본보기로 삼고자 하는 사람을 의미합니다. 많은 사람들이 닮고 싶은 누군가를 롤모델로 삼고 있지요. 스포츠 세계에서도 마찬가지예요. 2021년 도쿄 올림픽에서 우수한 성적을 거두며 한국 수영의 미래를 밝히었던 황선우 선수는 수영 황제라 불리는 미국의 마이클 펠프스 선수가 자신의 롤모델이라고 말했지요.

　우리나라의 프로 야구 선수인 이정후 선수는 메이저리그에서 활동했던 일본의 이치로 선수를 롤모델로 삼았어요. 그래서일까요? 이정후 선수의 타격 기술과 자세 그리고 경기에서 냉정함을 유지하는 태도 등이 이치로 선수와 닮은 것 같아요. 두 선수 모두 뛰어난 야구 실력을 가진 건 물론이고요.

　미국의 프로 농구 선수 코비 브라이언트는 어릴 적부터 농구 황제 마이클 조던처럼 되는 것이 소원이었다고 말하곤 했는데요, 코비 브라이언트는 자라서 정말로 마이클 조던처럼 뛰어난 실력의 농구 선수가 되었지요.

　이처럼 롤모델은 성장하는 데 본보기가 되는 사람으로 스스로에게 긍정적인 영향을 불어넣어요. 어려운 일이 있을 때 내가 바라는 꿈을 미리 이룬 누군가를 보며 나의 미래를 그리기도 하지요.

스포츠는 어떤 분야와 연결되어 있을까?

아무리 능력이 뛰어난 사람도 혼자서는 살아갈 수 없어요. 스포츠도 마찬가지입니다. 오늘날 많은 사람들의 관심 속에서 세계적인 영향력을 가지게 된 스포츠는 어떤 분야와 협력하며 공생하고 있을까요?

현대 스포츠에서는 과학의 중요성이 점점 강조되고 있어요. 이른바 스포츠 과학의 시대이지요. 스포츠에 과학 기술을 적용해 개발한 첨단 장비로 신체의 단점을 보완하고 장점을 부각시키는 거예요. 과학의 힘이 신체 능력에 더해져 더 좋은 결과를 낼 수 있도록 하고 있지요.

골프 종목은 골프채로 골프공을 쳐서 골인 지점까지 공을 얼마나 멀리, 정확히 보낼 수 있는지가 승부를 결정지어요. 탄성이 강한 첨단 금속으로 만든 가벼운 골프채를 사용하면 공을 더 멀리 보낼 수 있지요. 골프공에 여러 개의 홈을 파서 공이 더 멀리 날아가게 할 수도 있어요. 공기의 저항을 덜 받게 되거든요.

골프 경기를 하기 위해서는 축구장보다 훨씬 큰 규모의 경기장이 필요한데요, 우리나라는 지리적으로 공간이 협소하고 환경적인 이유 때문에 골프장을 건축하기 어려워요.

대신 실내에서 스크린 골프를 즐기는 사람들이 많지요. 스마트폰이나 컴퓨터, VR 기기를 이용해서 스포츠를 즐기기도 해요. VR 기기를 안경처럼 착용하고 가상 현실 속에서 즐기는 스포츠는 마치 실제로 스포츠 경기를 펼치는 듯한 느낌을 주지요. 실외에서 스포츠를 즐기기 어려울 때는 이처럼 정보 통신 기술의 도움을 받아 실내에서도 스포츠를 즐길 수 있어요.

축구나 농구, 배구 등 공을 사용하는 구기 종목 경기를 보면 선수들이 신는 신발의 모양이 각기 다른데요, 각 종목마다 경기장의 환경과 주로 사용하는 신체 부위가 다르기 때문이에요. 같은 축구화라 하더라도 운동장의 지면과 잔디 상태, 날씨 등 여러 가지 요소에 맞추어 각각의 환경에 알맞은 축구화를 신으면 경기 환경이 달라져도 더욱 쉽게 적응할 수 있어요. 주로 축구장의 잔디 환경에 따라 달라지는 축구화 밑창과 경기장 지면의 마찰력을 계산해 맞춤식 축구화를 만든다고 해요.

맨몸으로 달리는 육상 종목에서도 과학 기술을 이용해 특수한 신발을 만들어요. 육상 종목의 신발은 과학 기술의 집합체라 할 만큼 최첨단 기술이 적용되어 기록 단축에 중요한 역할을 담당하고 있다고 합니다. 예를 들어 마라톤 신발은 오랜 시간 달리며 발에 생기는 땀과 열을 식히기 위해 신발 안쪽에 온도와 습도를 조절하는 과학 기술을 적용해요. 그리고 발에 무리가 가지 않도록 푹신한 쿠션을 더하지요. 우리나라 마라톤 국가대표 선수였던 이봉주 선수의 마라톤 신발은 발바닥을 지탱하는 쿠션이 15미터의 높이에서 달걀을 떨어뜨려도 깨지지 않을 만큼 충격 흡수가 잘 되었다고 해요.

스포츠 과학은 용품에만 적용되는 건 아니에요. 스포츠 선수들은 개개인의 운동 능력을 데이터로 만들어 관리해 취약한 신체 능력을 보완하고 강점이 되는 신체 능력을 경기에서 최대한 활용하는 작전을 세워요. 2008년 베이징 올림픽 여자 역도 종목에서 금메달을 딴 장미란 선수는 과학적 신체 분석을 통해 왼쪽과 오른쪽 팔의 근력 차이가 있다는 걸 알게 되어 불균형한 신체를 바로잡는 훈련을 했다고 해요.

각종 마케팅에 스포츠를 활용하기도 하는데요, 마케팅이란 판매자가 상품을 소비자에게 원활하게 전달하기 위해 하는 기획, 광고, 시장 조사 같은 것들이에요. 만약 여러분이 운동화를 제작해 판매하는 사람이라고 가정해 보아요. 어떻게 해야 더 많은 사람들이 내가 만든 운동화를 사게

할 수 있을까요? 상점에서 직접 운동화를 팔거나 온라인 쇼핑몰을 만들어 판매할 수도 있겠지요. 신발 시장의 다른 운동화보다 가격을 더 저렴하게 책정해 소비자의 눈길을 끌 수도 있어요. 운동화를 판매하는 많은 방법들 중 어떤 방법이 더 많은 이윤을 낼 수 있는지 연구하고 실행하는 걸 마케팅이라고 해요. 그중에서 스포츠를 활용하는 마케팅을 스포츠 마케팅이라고 부르지요.

　미국의 프로 농구팀인 샬럿 호네츠를 운영하는 구단주이자 전설적인 농구 선수였던 마이클 조던을 아시나요? 미국의 스포츠 용품 브랜드인 나이키의 대표 운동화 제품 에어 조던의 주인공이 바로 마이클 조던이랍니다. 농구 선수로 활약할 당시 나이키와 광고 계약을 체결했던 조던은 나이키 농구화를 신고 매 경기에 출전했어요. 조던의 농구화는 전 세계의 수많은 미국 프로 농구 팬들에게 불티나게 팔렸지요. 나이키는 기회를 놓치지 않고 마이클 조던의 이름을 붙인 운동화 에어 조던을 출시했어요. 사람들은 자기가 구매한 신발을 착용하고 경기장을 누비는 조던을 보고 에어 조던 신발에 더 큰 애정을 갖게 되었어요. 에어 조던의 판매량도 나날이 늘어 갔지요. 스포츠와 마케팅이 힘을 합쳐 서로 큰 효과를 거둔 거예요. 텔레비전이나 건물의 전

광판에서 스포츠 선수들의 광고 영상과 사진을 본 적이 많을 거예요. 오늘날 스포츠 마케팅은 매우 보편화되어 스포츠 산업의 규모가 커지는 데 보탬이 되고 있지요.

스포츠 과학과 스포츠 마케팅 이외에도 텔레비전, 잡지, 영화 등 미디어와 결합해 스포츠 정보를 사람들에게 전달하는 스포츠 미디어, 스포츠를 통해서 국가 간에 교류하는 스포츠 외교, 스포츠 선수들의 경기력 향상을 위해 심리를 연구하는 학문인 스포츠 심리학, 스포츠를 하나의 사회로 보고 사회 현상을 분석하듯이 연구하는 학문인 스포츠 사회학 등 스포츠는 아주 많은 분야와 협력해 발전하고 있답니다.

특히 스포츠는 하나의 사회처럼 각자의 역할이 주어진 심판과 선수, 코치, 관객, 경기 규칙, 승패 등 여러 요소들이 어우러져 있어서 다양한 분야와 연결될 수 있어요. 덕분에 스포츠는 점점 더 우리 삶 가까이에 자리하고 있지요.

팀보다 위대한 선수는 없다

우리나라에서는 축구와 야구, 농구, 배구처럼 공을 이용해 경기를 펼치는 구기 종목이 인기 있어요. 구기 종목 중에서도 이들 종목은 팀 스포츠로 국내에 리그가 형성되어 있지요. 팀을 이루어 승부를 겨루는 단체 종목은 개인 종목과 달리 팀원들의 협동과 협력 즉 팀워크가 경기의 승패를 결정짓는 중요한 요소입니다. 개인의 기량이 다소 부족하더라도 팀워크로 서로 부족한 점을 채워 우수한 성적을 거둘 수 있지요.

팀 스포츠는 승부를 결정짓는 요소들이 다양해서 경기에 직접 참가하거나 관람할 때 더욱 흥미진진하게 경기를 즐길 수 있어요. 그리고 경기에 참가하는 사람들에겐 우리가 살아가는 현실과 달리 명확한 역할과 경기 규칙이 주어져서 역할을 수행하는 능력과 책임감을 배울 수도 있지요. 다른 사람들과 소통하고 협력하는 법을 배우는 건 물론이고요.

스포츠 경기에서 개인이 맡게 되는 역할을 포지션이라고 해요. 예를 들어 야구 종목의 포지션에는 공을 던지는 투수와 야구 방망이로 공을 치는 타자, 투수가 던진 공을 받는 포수 등이 있지요. 팀 스포츠에서는 앞서 말했듯이 개인의 능력이 조금 부족하더라도 팀워크가 우수해야 좋은 성적을 거둘 수 있는데요, 최고의 팀워크는 각 포지션의 팀원들이 자기가 맡은 역할을 충실히 수행할 때에 이룰 수 있어요.

11명이 한 팀을 이룬 두 팀의 대결인 축구 종목의 포지션은 크게 공격수와 수비수로 나뉘어요. 더 자세히 들여다보면 공격수 포지션에는 경기장 왼쪽과 오른쪽 사이드에서 공격을 담당하는 윙어와 주로 경기장 가운데에서 움직이며 슈팅을 담당하는 스트라이커, 경기장 가운데서 전체 경기를 조율하는 미드필더가 있어요. 수비수 포지션은 일반적으로 풀백이라고 부르는데요, 그중에서 최종 수비수는 골키퍼예요.

축구의 경우 각자 맡은 포지션이 있지만 종목 특성상 언제 공격을 맡을지, 수비를 맡을지 모르는 상황이 반복되기 때문에 선수들은 매번 달라지는 상황에 맞추어 비교적 자유롭게 공격과 수비를 오가며 경기를 운영해요. 그래서 축구 종목에서는 매번 달라지는 상황에서 누가 어떤 역할을 하는지 등을 결정하는 팀의 전술도 매우 중요해요.

2001년 1월 홍콩 칼스버그컵 축구 대회에서 우리나라와

파라과이 국가대표팀이 맞붙었어요. 전반전이 끝날 무렵 우리나라 골대 쪽으로 공이 날아왔어요. 그때 주전 골키퍼였던 김병지 선수가 공격수처럼 공을 몰고 상대편 골문으로 향했어요. 최종 수비수로 공을 막기 위해 골문을 지키는 골키퍼가 골문을 벗어난 거예요. 당시 우리나라 국가대표 축구팀 감독으로 부임했던 히딩크는 자기 포지션을 지키지 않은 김병지 선수의 황당한 행동에 크게 분노했지요. 결국 다음 해 개최된 2002년 한일 축구 월드컵의 주전 골키퍼는 이운재 선수가 선발되었어요. 김병지 선수는 단 한 차례도 경기에 출전하지 못했지요. 스포츠에서 자기의 포지션을 지키는 일이 얼마나 중요한지 일깨워 주는 사례입니다.

모든 단체 종목 스포츠는 단 한 명이라도 자기가 맡은 포지션의 역할을 잘 수행하지 않으면 나머지 선수들의 경기 운영과 노력이 허사로 돌아가요. 스포츠가 아닌 다른 분야에서도 한 사람이 자기 역할에 책임지지 않고 일을 수행하지 못하면 팀 전체가 피해를 입게 되지요.

여러분은 팀 스포츠 경기에 참가해 본 경험이 있나요? 경기를 치루며 여러분들이 얻은 건 체력만이 아닐 거예요. 팀원들과 서로 협력하며 협동심을 기르고 서로 부족한 점

을 채워 주며 다른 사람과 소통하는 법을 배웠을 거예요. 혼자서 즐기는 운동과 달리 팀 스포츠는 함께 연습하며 손발을 맞추어 가는 재미도 느낄 수 있어요. 팀 스포츠를 관람할 때는 한 선수의 경기 능력만을 보는 것이 아니라 누가 팀을 위해 희생하고 있고, 다른 선수의 부족함을 메워 주고 있는지, 어떤 전술로 경기를 운영하고 있는지 등 여러 요소를 볼 수 있어요. 개인 종목에는 없는 팀 스포츠만의 매력이지요.

1986년부터 2012년까지 영국 프리미어 축구 리그 팀인 맨체스터 유나이티드 FC를 이끌었던 알렉스 퍼거슨 전 축구 감독이 어느 한 인터뷰에서 "No player is bigger than the team"이라고 팀워크의 중요성을 나타내는 말을 한 적이 있어요. "팀보다 위대한 선수는 없다"는 뜻이지요. 단체 스포츠 종목의 특징과 매력을 잘 표현하는 말인 것 같아요.

우리는 일반적으로 사회 구성원으로서 어느 단체나 집단에 속해 있기 마련인데요, 예기치 못한 변수가 많은 현실에서는 우리가 어떤 역할을 수행해야 하는지 가늠하기가 쉽지 않아요. 하지만 정확한 포지션과 규칙이 주어진 스포츠 경기에서는 수비수, 공격수 등 맡은 임무가 명확하고 만일 규칙을 어기면 심판의 제재가 가해집니다. 스포츠는 체력을 기르기 위한 활동이라고만 생각하기 쉽지만, 이처럼 자세히 들여다보면 사회의 여러 가지 요소가 집약되어 있어 스포츠를 즐기는 사람들에게 다양한 배움을 제공한답니다.

팀을 승리로 이끈 소통의 리더십

이순신(1545~1598) 장군은 임진왜란(1592~1598)에서 조선의 수군을 이끌어 큰 공을 세운 조선의 명장입니다. 히딩크 감독은 2002년 우리나라에서 열린 한일 월드컵 축구 대회에서 우리나라 축구 국가대표팀을 이끌었던 감독이지요. 무려 400년이 넘는 시간을 뛰어넘어 두 리더에게 공통점이 있다는 사실이 믿기시나요?

"죽으려 하면 살고, 살고자 하면 죽는다"라는 말로 부하들을 다독인 이순신 장군과 "나는 아직도 배고프다"고 말하며 선수들이 더 큰 목표를 가질 수 있도록 용기를 불어넣은 히딩크 감독은 각각 부하, 선수들과 끊임없는 소통을 통해 신뢰를 다진 것으로 유명합니다. 또한 팀을 이끄는 장군과 감독으로서 뚜렷한 원칙과 철학을 세우고 모든 부하,

선수들을 평등하게 대하려 애썼다고 하지요.

국가나 회사, 학급 같은 어떤 집단에는 그 집단을 이끌어 가는 리더가 있어요. 프로 스포츠 세계에는 스포츠 선수가 더 좋은 결과를 낼 수 있도록 리더 역할을 자처하는 지도자가 있는데요, 주로 코치진의 감독입니다. 스포츠 감독을 전쟁에 참전해 부하 군사들을 이끌었던 옛 장수에 비유해 덕장, 맹장, 지장 등으로 부르곤 하는데요, 각각 덕장은 덕이 있는 장수, 맹장은 용맹한 장수, 지장은 지략이 뛰어난 장수를 의미합니다. 덕장은 용기를 불어넣어 주고, 맹장은 주저함이 없고 추진력이 강하며, 지장은 전술을 잘 짜는 것이 특징이에요. 이들 중 어떤 리더가 훌륭한 리더일까요? 정답은 없어요. 시대에 따라 요구되는 리더상과 사람마다 원하는 리더상이 다르기도 하고요.

최근에는 리더의 자질 중에서 특히 소통을 강조하는 것 같아요. 앞서 말했던 히딩크 감독처럼 말이지요. 히딩크 감독은 2002년 한일 축구 월드컵 당시 다소 엄격했던 우리나라 축구 국가대표팀의 선후배 관계 때문에 서로 소통이 잘되지 않는 상황을 보고 경기 중에는 선후배 상관없이 서로의 이름을 부르도록 지시해 선수들 간의 원활한 소통을 강조했어요. 경기에 참가하는 동안만큼은 나이와 경력을 떠나 서로가 평등한 위치에 있는 축구 선수가 될 수 있도록 말이에요. 또한 히딩크 감독은 코치들과 수시로 회의하며 그들의 전문적인 의견에 귀기울이고 선수들과 스스럼없이 의사소통하며 선수들의 신체와 정신적인 컨디션을 확인함으로써 한일 축구 월드컵 경기를 착실히 준비했어요. 당시 국가대표 축구 선수들에게 감독의 의견을 무조건 따르기보다 질문을 많이 하고 자기 의견을 자유롭게 표현하라고 말하기도 했지요. 이른바 소통의 리더십을 실천한 거예요.

무조건 "나를 따르라!" 하고 힘주어 외친다고 해서 리더가 될 순 없어요. 어떤 사람이 리더가 되어야 할까요? 그리고 어떤 리더가 좋은 리더라고 할 수 있을까요? 힘이 세거나 키가 커야 할까요? 공부나 운동을 잘해야 할까요? 어떤 무리의 리더가 되기 위해선 그 무리에 속한 구성원과 소통할 줄 알고 그들의 역할과 행동에 책임질 수 있는 능력을 갖추어야 하겠지요. 그런데 꼭 여러 사람이 있는 무리 중에서만 리더가 있는 걸까요? 스스로 자기 삶의 주인이 되어 주체적으로 살아가며 내 삶을 책임지는 사람 또한 리더라고 할 수 있을 것 같아요.

우리나라 최초의 동계 올림픽 메달리스트는 누구일까요? 1992년 프랑스 알베르빌 동계 올림픽 쇼트트랙 종목에서 금메달을 딴 김기훈 선수입니다. 우리나라가 1948년 스위스 생모리츠 동계 올림픽에 최초로 참가하기 시작한 이후로 44년 만의 첫 금메달이었지요. 스피드 스케이팅에서 파생된 종목인 쇼트트랙은 한 바퀴가 111.12미터인 스케이트장에서 기록을 다투는 스포츠예요. 김기훈 선수가 금메달을 목에 걸 수 있었던 건 특별한 쇼트트랙 기술 덕분인데요, 이 기술에는 놀라운 아이디어가 담겨 있어요.

새로운 쇼트트랙 기술을 개발하기 위해 연구했던 김기훈 선수는 고민 끝에 '호리병 주법'을 생각해 냈어요. 호리병 주법이란 쇼트트랙 경주로의 양쪽 직선 코스에서 코너를 돌 때 호리병 모양으로 들락날락하며 달리는 기술이에요. 호리병 주법으로 빙판 위를 달리면 상대적으로 속도가 느려지는 코너 구간에서 최대한의 속도를 낼 수 있다고 해요. 호리병 주법이라는 이름은 김기훈 선수가 쇼트트랙 경주를 펼친 얼음길을 보면 마치 호리병 모양처럼 생겼다고 해서 붙여졌답니다.

일반적으로 쇼트트랙 경기에서는 직선 코스에서 경주로의 바깥쪽으로 앞 선수를 추월하는데요, 그런데 김기훈 선수는 트랙의 바깥쪽이 아닌 안쪽으로 파고들어 다시 정상 트랙을 돌며 앞 선수를 추월했어요. 이전의 다른 쇼트트랙 선수들은 생각하지 못했던 기발한 추월 기술이었지요.

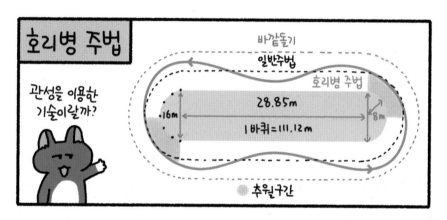

호리병 주법과 새로운 추월 기술 이외에 김기훈 선수가 구사한 쇼트트랙 기술이 있어요. 바로 '외다리 주법'입니다. 일반적으로 스케이트를 탈 때 사람들은 두 발을 번갈아 얼음을 밀며 앞으로 나아가요. 하지만 코너를 돌 때에도 두 다리를 번갈아 가며 얼음을 밀면 원심력 때문에 몸이 바깥으로 밀려나게 되기 마련입니다. 김기훈 선수는 이를 보완하기 위해 한쪽 다리를 들고 나머지 한쪽 다리만을 사용해 코너를 도는 기술을 생각해 냈어요. 한쪽 다리를 든 상태에서 왼손으로 얼음판을 짚어 중심을 유지해 코너를 도는 거예요. 이와 같은 외다리 주법을 구사하면 속도를 많이 줄이지 않고도 코너를 돌 수 있지요. '꼭 두 발로 스케이트를 타야 하는 걸까?'라는 기발한 생각이 외다리 주법과 같은 새로운 기술을 만들어 낸 거예요.

쇼트트랙 강국인 우리나라의 쇼트트랙 국가대표 선수들이 1998년 일본 나가노 동계 올림픽 대회에 출전해 독특한 기술을 선보였는데요, 바로 '날 들이밀기 기술'입니다. 날 들이밀기 기술은 말 그대로 결승 지점에 다다랐을

때 재빨리 스케이트 날을 결승 지점 안으로 들이미는 기술이에요. 쇼트트랙은 결승 지점에 가슴이 먼저 통과해야 하는 육상과 달리 스케이트 날을 우선으로 통과시켜야 되거든요.

처음 선보였을 때 쇼트트랙 선수, 코치진, 관중들을 놀라게 했던 호리병 주법과 외다리 주법, 날 들이밀기 기술은 오늘날 쇼트트랙 선수라면 누구나 구사하는 보편적인 기술이 되었어요. 스포츠 기술에는 그 기술을 만든 사람만이 구사할 수 있다는 특허법 같은 건 없으니까요. 누구나 기량이 있다면 모든 기술을 구사할 수 있지요. 어떤 특별한 기술도 후대에 이어지면서 보편화되는 건 자연스러운 일입니다.

4장

모두가 공정하게
누려야 할 스포츠

만약 스포츠에 규칙이 없다면?

　스포츠 규칙은 처음 정해진 대로 고정되지 않고 계속해서 개정됩니다. 더 공정한 경기를 위해서지요.

　축구 종목의 규칙은 국제 축구 평의회(IFAB)에서 결정하는데요, 2019년 6월 국제 축구 평의회에서 점수를 앞서고 있는 팀이 의도적으로 시간을 지연시키는 비신사적인 행위를 막기 위해 규칙을 개정했어요. 점수를 앞서고 있는 팀의 골키퍼가 다른 선수에게 패스하지 않고 공을 오랫동안 가지고 있으면서 시간을 낭비하면 심판은 즉시 경고 카드를 꺼내야 합니다. 그리고 더 많은 점수를 획득한 팀의 선수가 자기 팀 골키퍼에게 공을 몸 뒤로 패스한 경우 골키퍼는 그 공을 손으로 잡아선 안 돼요. 발로 잡을 수 있는 공을 일부러 시간을 지연시키기 위해 손으로 잡았다고 생각하는 거지요. 만약 그 공을 손으로 잡는다면 반칙으로 인정되어 상대편에게 골을 허용할 수도 있는 프 리킥*을 내어 주게 돼요. 점수를 앞선다 고 해서 경기가 완전히 끝날 때까지 경 기 운영을 소극적으로 해서는 안 돼요.

★ 프리킥 축구나 럭비 경기에 서 심판에게 반칙을 받았을 때 상대편에게 주어지는 킥으로 프리킥 상황에서는 골키퍼 외 에 다른 선수가 수비할 수 없다.

이와 비슷하게 유도 종목에서는 점수를 더 많이 가져간 선수가 상대편을 공격하지 않고 마치 시간을 끌려는 듯 소 극적으로 수비에만 임하면 주의를 받아요. 유도에서 주의 란 축구의 옐로카드와 같은 경고의 메시지이지요. 주의를 여러 차례 받으면 축구에서 레드카드를 받을 때와 같이 경 기에서 퇴장하게 돼요. 유도는 팀 스포츠가 아닌 개인 스 포츠 종목이니 퇴장에서 끝나지 않고 경기에서 패배하게 되는 거지요.

농구 종목에서는 유독 시간을 제약하는 규칙이 많은데 요, '3초룰'이라는 규칙은 농구 골대 밑에 있는 페인트 존에 서 머물 수 있는 시간을 3초로 제한하는 규칙이에요. 경기 장과 다른 색상으로 칠한 페인트 존에서는 어떤 선수라도 연속으로 3초 이상 머무르면 반칙을 범하게 돼요.

농구 종목에서 3초룰은 왜 생기게 되었을까요? 페인트 존이라고 불리는 이 구역은 경기장의 다른 구역과 구분하 기 위해 눈에 띄는 색깔로 페인트칠이 되어 있어요. 농구

주황색으로 표시된 페인트 존 ©Getty images

골대의 바로 아래에 위치해 골을 넣기에 매우 유리한 장소이지요. 높이 위치한 농구 골대에 공을 던져 골인시켜야 하는 농구는 키가 큰 선수에게 유리한 종목인데요, 만약 키가 아주 큰 선수가 농구 골대 아래의 페인트 존을 차지하면 너무나 쉽게 계속해서 골을 넣는 불공정함이 발생해요. 이러한 불공정함을 해소하기 위해 3초룰과 페인트 존을 만들었지요. 실제로 농구 경기를 보면 농구 선수들이 3초가 지나기 전에 페인트 존을 벗어났다가 다시 들어가기 위해 부지런히 들락날락하는 장면을 자주 볼 수 있어요.

농구 종목에는 3초룰뿐만 아니라 8초룰도 있답니다. 자기팀 진영에서 공을 가지고 있을 때 8초 이내에 상대편 진영으로 넘어가야 한다는 규칙이지요. 또 공을 잡은 상태로 5초 동안 드리블을 하지 않거나 다른 선수에게 패스하지 않으면 5초룰을 어기게 돼요. 공격 제한 시간도 있어요. 공을 소유한 후에 24초 안에 반드시 슛을 한 번 이상 던져야 한다는 규칙이지요.

이와 같은 농구 종목의 다양한 시간제한 규칙은 의도적으로 시간을 지연시키는 비신사적인 경기 운영을 막기 위해 생겼어요. 시간제한 규칙을 둠으로써 승부를 겨루는 두 팀이 공격 시간을 비슷하게 점유할 수 있도록 하는 기능도 하지요.

스포츠 경기에서 후반전이 시작될 때 상대편과 자리를 바꾸는 모습을 본 적이 있지요? 축구나 농구, 배구, 탁구, 핸드볼, 테니스 등 아주 많은 스포츠 종목에서 전반전이 끝나고 후반전으로 넘어갈 때 상대편과 자리를 바꾸어요. 왜 번거롭게 자리를 바꾸는 걸까요? 경기가 열리는 날의 온도나 습도 등 날씨나 경기장 환경에 따라 특정한 자리가 경기에 유리할 수 있기 때문이에요. 그래서 어느 한 쪽이 일방적으로 유리하거나 불리한 점을 최대한 줄이고 공평하게 경기가 진행될 수 있도록 자리를 바꾸는 거예요. 전반전의 자리는 어떻게 정하냐고요? 전반전 경기 직전 심판이 선수들 앞에서 동전 던지기를 해 자리를 결정하는 것이 일반적이에요.

홈 앤드 어웨이(home and away)라는 말을 들어 본 적이 있나요? 스포츠 경기는 일반적으로 자기 나라에서 치르는 홈 경기가 유리해요. 관중석의 응원과 함께 기후와 음식 등의 문화가 익숙하니 더 좋은 컨디션으로 경기에 참가할 수 있기 때문이지요. 홈 앤드 어웨이는 홈그라운드에서 번갈아 경기하는 방식을 의미해요. 어느 한 팀에게 익숙한 경기장에서만 경기를 치르면 승부가 공정하지 못할 수 있기 때문에 서로의 홈그라운드에서 펼친 두 경기의 결과를 종합해 승부를 가리는 거예요. 한편 홈 앤드 어웨이 방식의 경기 진행이 어려울 경우에는 양 팀 모두에게 공평한 경기를 위해 서로의 홈그라운드가 아닌 제3의 지역에서 진행하는 단 한 경기로 승부를 가리게 됩니다.

인간의 한계, 첨단 장비가 정답일까?

스포츠에서 공정함은 매우 중요한 요소입니다. 국가, 인종 등을 비롯해 어떠한 조건이나 환경에 의해 차별받는 일이 있어서는 절대 안 되지요. 하지만 스포츠도 결국 사람이 하는 일이다 보니 경기의 매 순간을 완벽히 공정하게 진행하기란 어려운 일입니다. 그래서 첨단 장비를 도입해 공정성을 더하고 있어요.

2016년 국제 축구 연맹(FIFA)은 세계 축구 클럽의 최강자를 가리는 FIFA 클럽 월드컵 대회에 비디오 판독 시스템인 비디오 보조 심판(VAR)을 도입했어요. 축구 경기에 비디오 보조 심판이 도입되기 전에는 심판의 판정에 실수가 있거나 잘못이 있더라도 오심도 경기의 일부라는 말로 넘어가곤 했어요. 하지만 심판의 공정성이 의심받을 정도로 판정에 큰 오류가 있을 때면 큰 파장을 불러일으켰지요.

그래서 국제 축구 연맹에서는 경기의 승부를 결정지을 만큼 매우 민감하고 중요한 오프사이드* 판정과 페널티 킥* 판정의 적절성을 경기 현장에서 곧바로 비디오를 통해 확인할 수 있도록 비디오 보조 심판을 도입했어요. 처음에는 경기의 흐름과 재미를 떨어뜨릴 수 있다며 축구 경기에 비디오 보조 심판을 도입하는 것을 반대하는 사람들이 많았지만, 판독 시간은 불과 15초에 불과했고 비디오 보조 심판의 도입으로 더욱 공정한 경기가 가능해지자 더 많은 경기에 이 시스템을 도

* 오프사이드(offside) 축구나 럭비 경기에서 상대편 진영 안에서 공보다 앞으로 나가거나 오프사이드 라인 안에 들어갔을 경우 범하는 반칙.

* 페널티 킥(penalty kick) 축구장의 페널티 구역에서 수비수가 반칙을 범했을 때 상대팀 공격수가 얻는 킥.

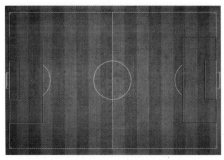
축구 페널티 구역 ©Getty images

입하기 시작했어요. 비디오 보조 심판이라는 첨단 장비를 이용한 새로운 제도의 도입으로 축구 경기에서 심판의 오심으로 생기는 피해를 방지할 수 있게 되어 축구 경기의 공정성은 더 커졌지요.

축구 이외에도 테니스나 야구, 배구 등 다양한 종목에서 오래전부터 비디오 판독 시스템을 도입해 왔는데요, 비디오 판독 시스템은 인간의 한계를 첨단 장비의 도움으로 극복해 심판이 좀 더 정확한 판정을 가능하게 하고, 이로 하여금 공정한 경기가 이루어지도록 하고 있습니다.

경기 중 심판의 판정이 잘못되었다고 생각될 때 선수들이나 코치진에서는 즉시 비디오 판독을 요청해요. 비디오 판독 시스템의 도입으로 스포츠 심판의 역할이나 권위는 다소 작아졌지만 선수, 코치, 관중 등 스포츠 경기에 참가하는 사람들의 불만이 줄어들고 경기 판정의 신뢰가 커지는 효과를 거두고 있지요. 현재 스포츠 세계에서 비디오 판독 시스템의 도입에 대한 호응이 좋은 만큼 앞으로 더 많은 스포츠 종목에 비디오 판독 시스템이 도입될 것으로 생각돼요.

태권도 종목에서는 전자 센서 장비를 도입해 판정의 공정성을 더했어요. 태권도 경기에서는 원래 선수들의 타격

의 정확성을 모두 심판의 눈으로 판정했어요. 하지만 지금은 선수 머리에 쓰는 헤드기어와 몸통에 두르는 태권도 호구에 전자 장비를 탑재해 타격이 성공하면 즉시 측정됩니다. 펜싱에서도 온몸에 센서를 부착해 펜싱 칼날이 상대방의 몸에 닿으면 즉시 경보음이 울려요.

태권도나 펜싱에서 쓰이는 첨단 장비는 인간의 감각으로는 선수들의 타격을 전부 판단할 수 없기 때문에 발생하는 인간의 감각적 오류를 바로잡으려는 의도에서 도입되었어요. 하지만 여전히 사람이 판정하는 경기에 기계를 이용하는 것이 마땅하지 않다고 생각하는 사람들도 있어요. 그럼에도 불구하고 경기의 공정성과 판정의 신뢰성을 높여 준다는 점에서 많은 스포츠 종목에서 첨단 장비를 도입하고 있지요.

스포츠 심판진이 첨단 장비의 도움을 받아 판정하는 경우가 점점 많아진다면 스포츠 심판은 공정한 경기를 위해 어떤 역할을 해야 할까요? 여러분은 어떻게 생각하나요? 더 공정한 경기를 위해서는 앞으로 이 첨단 장비를 어떻게 활용해야 할지에 대한 고민이 필요합니다.

활발히 활동했던 현역 스포츠 선수들이 갑작스럽게 은퇴하거나 출장 정지를 당하는 등의 불미스러운 뉴스를 접할 때가 있어요. 그들은 왜 갑자기 은퇴하게 되었을까요? 어떤 잘못을 저질렀기에 출장 정지라는 무거운 징계를 받게 된 걸까요? 스포츠 선수는 스포츠의 공정성을 위협하거나 훼손했을 때 가장 큰 처벌을 받습니다. 그만큼 스포츠에서 공정성은 가장 중요한 덕목 중 하나이지요.

스포츠의 공정성을 떨어뜨리는 여러 행위 중 하나는 불법 약물을 복용하는 것이에요. 신체나 정신의 기능을 활성화시키기 위해 금지된 약물을 복용하는 행위는 스포츠 세계에서 영원히 퇴출당할 수 있을 정도로 스포츠 선수에게는 치명적이에요. 신체의 능력과 전략을 겨루는 스포츠 세계에서 훈련이 아닌 약물의 도움을 받아 신체 능력을 향상시켜 경기에 출전한다는 건 스포츠의 공정성을 정면으로 위배하는 행위이지요. 이처럼 운동 능력을 향상시키기 위해 각종 약물을 사용하는 행위를 도핑(doping)이라고 합니다.

1988년 우리나라 서울 올림픽 육상 종목 100미터 달리기 경기에서 캐나다의 벤 존슨 선수가 9초 79라는 세계 신기록으로 금메달을 차지해 세상을 놀라게 했어요. 그런데 경기가 끝난 지 3일이 지난 뒤 이번에는 벤 존슨 선수의 금메달 박탈 소식이 전 세계의 기사를 장식했어요. 이게 어떻게 된 일일까요? 벤 존슨 선수의 도핑 검사에서 복용 금지약물인 아나볼릭 스테로이드가 검출된 거예요. 근육 형성을 촉진하는 약물인 아나볼릭 스테로이드를 복용하면 단거리 육상 선수에게 필요한 근육을 손쉽게 만들 수 있어요. 벤 존슨 선수의 아나볼릭 스테로이드 약물 복용 사실이 전세계에 드러나자 캐나다 국민들은 분노했어요. 이후 벤 존슨 선수는 육상 선수로서 자격을 박탈당했고 스포츠계에서 완전히 퇴출되었지요.

오늘날 수많은 국제 스포츠 기구에서 수백 종이 넘는 복용 금지 약물을 정해 선수들의 도핑을 엄격하게 규제하고 있어요. 도핑을 검사하는 기술은 엄청나게 발전해 약물 복용 사실을 숨기는 건 사실상 불가능한 일이라고 합니다.

선수 자격을 박탈할 만큼 스포츠 선수들의 약물 복용을 엄격하게 금지하는 이유는 무엇일까요? 이 또한 스포츠의 공정성을 지키기 위해서입니다. 선수 본인의 건강을 위해서라도 억지로 신체의 기능을 향상시키는 약물의 복용은 삼가야 해요. 금지된 몇몇 약물의 경우 과다 복용하면 신체에 무리를 주어 생명을 잃을 수도 있다고 하니 도핑이 얼마나 위험한 일인지 느껴지지요?

스포츠 승부 조작도 도핑만큼이나 심각한 불법 행위입니다. 승부 조작은 스포츠 경기로 돈을 벌기 위해 경기가 시작되기 전 경기 과정과 결과를 조작하는 범죄 행위예요. 승부를 조작해 금전적인 이득을 취한다는 점에서 사기 행위이고요.

스포츠의 큰 매력 중 하나는 경기가 완전히 끝날 때까지 승부의 결과를 예상할 수 없는 예측 불가능성입니다. 우리가 스포츠를 흔히 각본 없는 드라마라고 부르는 것도 이러한 이유 때문이지요. 때때로 대역전의 승부가 펼쳐질 때면 짜릿한 감동이 느껴지지 않나요? 이 짜릿한 감동도 결과를 예측할 수 없는 스포츠의 고유한 특성에서 비롯되는 것이지요. 그런데 경기의 결과를 미리 조작한 다음 경기를 진행한다는 건 관중을 조롱하는 행위와 같아요. 스포츠의 가치를 떨어뜨리는 행위이고요. 스포츠 세계에서의 승부는 스포츠 안에서만 이루어져야 합니다. 도핑이나 승부 조작처럼 스포츠 바깥의 무언가가 스포츠의 결과에 영향을 미치거나 개입하는 것은 옳지 않아요.

스포츠 세계에서 없어져야 할 것들!

스포츠 현장에서는 종종 볼썽사나운 폭력의 현장이 목격되기도 합니다. 경기 중 승부가 과열되어 상대 선수와 싸우거나 경기장 뒤편에서 성적 지상주의에 빠진 일부 지도자들이 선수에게 체벌을 동반한 훈련을 해 뉴스에 오르내리기도 하지요. 폭력은 스포츠의 순수성을 해치는 일이에요. 인권을 침해하는 일이고요. 스포츠 경기에서는 선수는 물론 코치진, 관중까지 모든 폭력은 반칙으로 규정해 즉시 퇴장이라는 강력한 조치를 취하고 있어요. 경기장 바깥에서 일어난 폭력도 발각되면 처벌을 받게 되지요. 정정당당함을 추구하는 스포츠 세계에서 폭력은 절대 용납할 수 없는 일이에요.

스포츠는 원래 놀이였다고?

흥미진진한 스포츠 경기를 지켜볼 때면 나도 참가하고 싶다는 생각이 들곤 합니다. 스포츠는 눈으로 즐겨도 재미있지만 직접 몸을 움직일 때 또 다른 매력을 느낄 수 있지요. 스포츠는 프로 선수들만의 전유물은 아니니까요. 오늘날에는 스포츠 동아리나 동호회 등 일반인들도 스포츠를 즐길 수 있는 많은 모임들이 생겨나고 피트니스 센터나 필라테스 등 개인 건강을 증진하기 위한 다양한 실내 스포츠 시설이 잘 구비되어 있어요.

모든 스포츠 종목의 뿌리를 파헤치다 보면 '놀이'의 속성을 발견할 수 있어요. 재미있게 놀고 싶은 인간의 욕망이 스포츠 속에 숨어 있는 거지요. 사실 사람들은 놀고 싶어서 스포츠를 만든 거예요! 이러한 점에서 생각해 보면 놀이를 공정하게 즐길 수 있는 규칙만 갖추어져 있다면 우리가 즐기는 모든 놀이는 스포츠라고 말할 수 있는 거지요.

여러분들은 어떤 스포츠 종목을 즐기나요? 학교에서 10대 친구들이 가장 재미있게 즐기는 스포츠 종목 중 하나는 바로 피구라고 하는데요, 피구는 아직 정식 국제 스포츠 종목은 아니지만 누구나 잘 아는 보편적인 규칙이 있고 놀이처럼 즐겁게 신체 활동을 할 수 있다는 점에서 스포츠의 속성을 고루 갖추고 있어요.

낚시나 등산도 스포츠의 범주 안에 들어간다는 것 알고 있나요? 우리가 즐기는 스포츠가 반드시 올림픽 종목이어야 할 필요는 없어요. 요컨대 여러분들이 어떤 놀이를 즐기면서 체력을 기르고 친구들과 정정당당한 승부를 겨루며 우정을 키워 나간다면 그 어떤 놀이나 신체 활동도 스포츠가 될 수 있는 거예요.

이 외에도 자칫 스포츠라고 생각하기 힘든 공기놀이나 줄넘기, 땅따먹기 등과 같은 놀이도 일정한 규칙을 정하여 승부를 겨룬다는 점에서 스포츠의 속성을 지니고 있지요. 심지어 술래잡기나 무궁화 꽃이 피었습니다와 같은 놀이도 공격수와 수비수가 주기적으로 교체되고, 다양한 신체 활동이 뒤따른다는 점에서 스포츠라고 볼 수 있지요.

여러분의 부모님 세대도 어릴 적 제기차기, 구슬치기, 팽이치기, 딱지치기 등 시간과 장소에 구애받지 않고 간편하게 즐길 수 있는 놀이들을 마치 오늘날의 스포츠처럼 일상 속에서 즐겼답니다. 아주 오래전부터 지금까지 전해져 내려오는 씨름, 연날리기, 널뛰기, 윷놀이와 같은 놀이도 지금의 축구나 야구 종목처럼 사람들에게 큰 인기를 끌었던 스포츠 종목이지요.

사실 스포츠는 유동적이에요. 올림픽에서도 새로운 종목이 계속해서 생겨나고 원래 있었던 종목이 제외되기도 하지요. 2021년 도쿄 올림픽에서는 이전 대회에서 볼 수 없었던 새로운 종목이 정식 종목으로 채택되어 화제가 되었는데요, 바로 스포츠 클라이밍입니다. 우리말로는 인공 암벽 등반이지요. 스포츠 클라이밍은 높은 암벽을 얼마나 빨리, 높이 올라가는지를 겨루는 스포츠 종목이에요.

　도쿄 올림픽에선 스포츠 클라이밍과 함께 스케이트보드와 서핑이 정식 종목으로 채택되어 사람들의 눈길을 끌었는데요. 스케이트보드와 서핑은 정해진 규칙 없이 사람들이 단순한 놀이로 즐기는 취미 스포츠였어요. 그런데 점차 많은 사람들이 즐기는 스포츠가 되어 여러 가지 기술이 생기고 규칙이 만들어져 국제 스포츠 대회인 올림픽의 스포츠 종목으로 채택된 거예요.

　올림픽 조직 위원회에서 시대의 요구와 흐름에 따라 조금씩 변화를 주어 새로운 스포츠 종목을 계속해서 도입하고 있어요. 스포츠 클라이밍과 스케이트보드, 서핑 등 여러 스포츠 종목이 올림픽의 새 종목으로 채택되면서 올림픽 경기는 더욱 풍성해졌고 더 많은 사람들이 관심을 가지게 되었어요.

　여러분들이 지금 즐기고 있는 놀이도 기술과 규칙이 덧붙어 먼 훗날에 올림픽과 같은 세계 스포츠 축제의 한 종목이 되어 있을지도 모르는 일이에요. 모든 놀이는 스포츠가 될 수 있는 가능성을 가지고 있답니다.

경쟁은 스포츠의 가장 기본적인 속성 중 하나입니다. 경기에 참가하는 선수들의 가장 큰 목표는 승리이지요. 프로 스포츠 선수들은 자기가 참가했던 경기와 다른 선수들의 경기를 보고 코치진들과 함께 끊임없이 연구하며 더 나은 성과를 내기 위해 노력해요. 훈련과 연구 끝에 새로운 기술을 만들어 내기도 하지요.

　1968년 멕시코시티 올림픽 육상 종목 높이뛰기 경기에서 미국의 딕 포스베리 선수가 금메달을 거머쥐었어요. 높이뛰기는 맨몸으로 더 높이 설치된 가로 막대를 뛰어넘는 선수가 승리하는 스포츠 종목이에요. 사람들은 포스베리가 금메달을 땄다는 사실보다 새로운 기술로 막대를 뛰어넘은 것에 주목했어요.

　포스베리가 멕시코 올림픽에서 새로운 기술을 도입하기 전 모든 높이뛰기 선수들은 정면으로 달려가 자세를 바꾸지 않고 그대로 뛰는 가위뛰기 기술로 막대를 뛰어넘었는데요, 더 좋은 기록을 위해 기술을 연구하던 포스베리는 새로운 자세를 생각해 냈어요. 정면이 아닌 거꾸로 몸을 뒤집어서 등으로 막대를 넘기로 한 거예요. 그런데 자세를 바꾸어 막대를 넘었더니

다음 중 포스베리 플롭은 무엇일까요?

기록이 이전보다 놀라울 만큼 크게 향상되었어요.

포스베리가 처음 시도한 이 기술의 이름을 우리나라에서는 배면(背面)뛰기라고 부릅니다. 배면의 배는 사람의 신체인 등을 의미하는 한자 등 배(背), 면은 표면이나 겉을 의미하는 한자 낯 면(面)자를 쓰고 있지요. 서양에서는 이 기술을 처음 시도한 포스베리의 이름을 붙여 포스베리 플롭(Fosbury flop)이라고 불립니다. 포스베리가 이 기술을 처음 선보인 이후 포스베리 플롭 기술은 빠른 속도로 육상계에 보편화되었고 수많은 높이뛰기 선수들이 오늘날까지 이 기술을 사용하고 있어요. 포스베리 선수는 자기의 이름이 붙은 이 기술로 육상계에 이름을 남겼지요.

이처럼 스포츠 선수들은 새로운 기술을 발명해 세상에 이름을 남기기도 합니다. 우리나라에서도 각종 국제 스포츠 대회 체조 종목에서 우수한 성적을 거두었던 여홍철 선수가 자기의 이름을 딴 체조 기술을 만들었어요. 여홍철 선수의 주 종목은 도마였어요. 체조 경기의 한 종목인 도마는 체조 기구인 도마를 이용해 체조 기술을 선보이는 스포츠 종목이에요.

여홍철 선수는 자신의 이름을 딴 체조 기술을 두 개나 만들었어요. 도마를 옆으로 짚고 뒤로 두 바퀴를 도는 기술 여1과 도마를 앞으로 짚고 몸을 두 바퀴 반 비트는 기술인 여2입니다. 체조 기술 여1과 여2는 국제 체조 기술로 등재된 정식 명칭으로 지금도 국제 대회에서 사용되고 있어요.

또 다른 체조 선수인 양학선 선수의 이름을 딴 도마 기술도 있는데요, 2012년 런던 올림픽 체조 도마 경기에서 양학선 선수는 다른 체조 선수가 선보이지 않았던 새로운 기술을 선보였어요. 도마를 짚은 다음 공중에서 몸을 180도의 각도로 세 바퀴 비트는 아주 고난도의 기술이었지요. 여2 기술에서 몸을 반 바퀴 더 비트는 기술이에요. 이 기술의 이름은 양학선 선수의 성을 따 양1이라는 이름이 붙여졌어요. 이후 양학선 선수는 양1 기술에서 몸을 반 바퀴 더 트는 기술을 개발했는데요, 이 기술은 양2라는 이름으로 불리고 있어요. 양1, 양2 기술을 구사할 수 있는 선수는 세계적으로 몇 안 될 만큼 시도하기 어려운 기술이라고 해요.

이 같은 새로운 스포츠 기술은 관중들로 하여금 더 놀랍고 흥미로운 스포츠 경기를 즐길 수 있게 합니다. 지금도 많은 스포츠 선수와 코치들이 더 좋은 성과를 거두기 위해 훈련하고 기술을 개발하고 있답니다.

끝날 때까지 끝난 게 아니다!

속담이나 고사성어와 같은 격언은 삶의 지혜가 담겨 있어 많은 사람들에게 교훈을 줍니다. 우리가 미처 경험하지 못했거나 깨닫지 못하고 있는 사실을 짧은 문장 속에 담아 깊은 의미를 전달하지요. 스포츠 세계에서도 사람들의 일상에 의미 있는 메시지를 던지는 멋진 말들을 찾아볼 수 있어요. 지금부터 스포츠 명언 몇 가지를 살펴볼까요?

요기 베라(1925~2015)는 미국 프로 야구 메이저리그에서 1940~1950년대에 활약했던 뉴욕 양키스 팀의 포수입니다. 뉴욕 양키스에서 요기 베라가 포수로 활동하는 동안 팀이 10번이나 우승을 거머쥐었는데요, 팀의 승리를 이끈 요기 베라는 오늘날까지 야구 역사상 최고의 포수로 불리는 야구계의 전설이지요.

요기 베라는 야구 선수를 은퇴하고 뉴욕 메츠 팀의 야구 감독으로 활동했어요. 1973년 메이저리그에서 최하위권에 머물던 뉴욕 메츠 팀 선수들은 그 당시 좋은 성적을 내기 힘들 것 같다며 경기를 포기하는 분위기에 우울하기 그지없었지요. 그때 요기 베라 감독은 선수들에게 끝날 때까지 끝난 게 아니라고 격려의 말을 했어요.

뉴욕 메츠 팀의 상황은 좋지 않았지만 요기 베라 감독의 말에 선수들과 코치는 다시 힘을 내 훈련과 경기에 매진했어요. 그런데 그 해에 거짓말처럼 뉴욕 메츠 팀이 메이저리그에서 1위를 차지하고 세계의 야구 강국이 맞붙는 월드 시리즈까지 진출한 거예요. 비록 월드 시리즈 우승은 실패했지만 좋은 성과를 거두었지요. 물론 요기 베라의 말 한마디가 팀의 모든 상황을 바꾼 건 아닐 거예요. 하지만 불가능해 보이거나 포기하고 싶은 마음이 들 때 용기를 주는 말로 지금까지도 많은 사람들이 이 말을 표현한답니다.

영국 프로 축구 프리미어리그 팀 맨체스터 유나이티드의 전설적인 감독 알렉스 퍼거슨을 아시나요? 우리나라의 박지성 선수가 이 팀에 소속되어 있을 때의 감독이었지요. 2011년 어느 날, 당시 소속팀 선수였던 웨인 루니가 SNS에서 한 팔로워와 논쟁을 벌여 사회적 물의를 일으킨 적이 있어요. 이를 두고 알렉스 퍼거슨 감독은 SNS 활동은 스포츠 선수에게 해가 될 수 있다며 차라리 독서를 하길 바란다는 말을 전했지요.

이 말은 비단 웨인 루니 선수만을 염두에 두고 말한 건 아니었어요. 그런데 이후 트위터나 페이스북 등을 비롯한 각종 SNS를 통해 사회적 물의를 일으키는 사람들이 계속해서 늘어나자 알렉슨 퍼거슨이 했던 이 말이 다시 언급되기 시작했어요. 노래처럼 말도 역주행을 하는 걸까요?

　SNS 게시물의 특징 중 하나는 즉흥적으로 편하게 자기의 마음을 표현할 수 있다는 건데요, 또 다른 특징은 불특정 다수가 이 게시물을 볼 수 있다는 거지요. SNS는 개인적인 공간이라고들 하지만 많은 사람들이 함께 이용하는 광장과 같은 공간이니까요. 이러한 SNS의 특성 때문에 사회적으로 큰 말썽이 생기곤 하지요. 한 번 올린 게시물은 뒤늦게 삭제하더라도 이미 어딘가에 퍼져 있을지도 모르는 일이고요. 그렇기 때문에 어떤 생각을 표현할 때 이 말이 세상에 영원히 남을 수 있다는 경각심을 가지고 한 번 더 생각한 다음 표현해야 할 필요가 있어요. 알렉슨 퍼거슨의 SNS에 대한 경고는 소통을 목적으로 하는 SNS의 역기능에 대해 생각하게 합니다.

　앨런 아이버슨은 미국 프로 농구 필라델피아 세븐티식서스 팀에서 전성기를 보낸 농구 선수입니다. 앨런 아이버슨은 농구 선수로서는 작은 키인 183센티미터지만 화려한 경기 운영으로 엄청난 득점을 올리며 세계의 농구 팬들을 매료시켰어요. 183센티미터가 어떻게 작은 키냐고요? 미국 프로 농구계에는 키가 2미터를 훌쩍 넘는 선수들이 아주 많거든요.

2001년 미국 프로 농구 챔피언 결정전 1차 경기가 있는 날이었어요. 세븐티식서스 팀과 LA 레이커스 팀이 우승을 다투었지요. 당시 사람들은 전력이 막강한 LA 레이커스 팀의 우승을 점쳤어요. 그때 세븐티식서스의 앨런 아이버슨이 농구는 신장이 아닌 심장으로 하는 거라고 말하며 큰 키가 승리의 필수 조건이 아님을 표현했어요.

농구에서 키가 크다는 건 단순히 신체 조건이 뛰어나다는 걸 떠나 경기를 운영할 수 있는 능력이 좋다는 의미가 될 수 있을 만큼 경기에 큰 영향을 줍니다. 높은 골대에 공을 골인시켜 득점하는 경기니까요. 하지만 선천적인 신체 능력이 스포츠 경기의 모든 것을 결정하지는 않아요. 앨런 아이버슨은 이 말을 통해 신체의 결점을 뛰어넘는 승리에 대한 강한 의지와 열정을 보여 준 거예요.

요기 베라

"끝날 때까지
끝난 게 아니다"

알렉스 퍼거슨 감독

"SNS는 시간 낭비
차라리 독서를"

앨런 아이버슨

"농구는 신장이 아니라
심장으로 하는 겁니다"

라임보소~
크~

5장
세상을 바꾸는
스포츠

스포츠가 전쟁을 멈췄다고?

오늘날 전 세계인이 즐기는 올림픽은 기원전 8세기 무렵부터 시작된, 고대 그리스인들이 올림포스 최고신 제우스에게 바치는 제전 경기에서 유래했어요. 프랑스의 스포츠 행정가이자 교육학자였던 피에르 드 쿠베르탱(1863~1937) 남작이 스포츠를 통해 세계의 청년들이 화합하기를 바라며 올림픽을 도입했지요.

이후 1892년 본격적으로 올림픽 부흥 운동이 일어났고, 1894년에는 국제 올림픽 위원회(IOC)가 생겨났어요. 4년마다 올림픽을 연다는 규칙도 만들었지요. 그리고 1896년 올림픽의 발상지인 그리스 아테네에서 제1회 근대 올림픽이 개최되었어요. 하계 스포츠 대회로 시작된 근대 올림픽은 동계 올림픽을 따로 열 만큼 규모가 나날이 커졌고 지금은 지구의 평화를 상징하는 세계인의 축제가 되었어요.

고대 그리스 올림픽에서는 경기가 열리는 동안 전쟁을 멈추고 함께 스포츠를 즐겼어요. 하지만 세계의 평화가 목적인 근대 올림픽은 전쟁 때문에 중단되었던 적이 있는데요, 제1·2차 세계 대전으로 3번이나 올림픽을 열지 못했지요. 반대로 스포츠가 전쟁을 멈춘 적도 있어요. 어떻게 스포츠가 전쟁을 멈춘 걸까요?

2006년 독일 월드컵 축구 대회 본선 진출을 위한 아프리카 지역 예선 마지막 경기에서 코트디부아르와 수단이 월드컵 본선 진출을 걸고 승부를 겨루었어요. 만약 코트디부아르가 이 경기에서 승리한다면 처음으로 월드컵 본선에 진출할 수 있는 아주 중요한 경기였어요. 경기는 코트디부아르의 승리로 끝났고 코트디부아르의 국가대표 축구팀과 온 국민은 첫 월드컵 본선 진출에 환호했지요. 경기 후 코트디부아르 축구팀의 주장 디디에 드록바 선수의 생중계 인터뷰가 시작되었어요. 그런데 갑자기 드록바 선수가 바닥에 무릎을 꿇고 주저앉는 게 아니겠어요? 그리고 카메라를 응시하며 "단 일주일만이라도 전쟁을 멈춰 주세요"라고 말했어요.

당시 코트디부아르는 2002년부터 정부군과 정부를 반대하는 반군이 내전을 벌이고 있었거든요. 이 전쟁으로 약

70만 명의 난민이 발생할 정도로 코트디부아르는 참혹한 고통을 겪고 있었지요. 끝날 것 같지 않던 이 전쟁이 드록바의 인터뷰로 잠시 멈추는 기적이 일어났어요. 이후 드록바는 자기의 이름을 건 자선 재단을 설립하고 연봉을 기부하는 등 코트디부아르의 평화를 위한 활동을 지속했어요. 그리고 코트디부아르의 내전은 시작된 지 5년이 지난 2007년에 종전되었지요.

한편 1950년 한국 전쟁 이후 미국과 중국은 서로 오랫동안 경계하며 긴장감이 도는 냉전 체제를 유지하고 있었는데요, 당연히 외교는 단절된 상태였어요. 그런데 1971년 미국의 탁구 선수단과 기자단이 중국의 초청으로 베이징에 입국해 탁구 경기를 한 것을 계기로 두 나라의 냉랭했던 관계가 개선되기 시작했어요. 탁구 경기 이후 미국은 20년 만에 중국에 대한 무역 금지 조치를 해제해 중국과 관계 회복을 위한 뜻을 표현했지요. 미국과 중국의 관계는 빠른 속도로 좋아졌고 마침내 1979년부터 두 나라는 본격적으로 교류하기 시작했어요. 탁구를 매개로 국가 간 관계를 개선시킨 이 외교는 핑퐁 외교라 불립니다. 탁구가 영어로 Ping-Pong table tennis거든요.

과거 우리나라도 1990년, 2002년, 2005년에 각각 서울

과 북한의 평양을 오가며 한반도 평화를 목적으로 한 남북 통일 축구 대회를 열었어요. 2014년 인천 아시안게임에서는 남북 공동 응원단이 결성되어 정치 이념을 초월한 공동 응원전을 펼쳤어요. 2018년 평창 동계 올림픽에서는 남북 선수단이 한반도 깃발을 들고 함께 입장했지요.

이처럼 스포츠는 평화의 메시지를 사람들에게 전합니다. 스포츠 세계에선 국적, 종교, 인종 등과 관계없이 모두가 평등하지요. 사람들은 스포츠를 통해 서로를 알아가고 이해하며 평화를 기원해요. 만일 스포츠의 속성이 경쟁이 전부라면 코트디부아르의 내전이 멈추거나 냉랭했던 미국과 중국의 관계가 개선되는 사례는 없었을지도 모르는 일입니다.

알리는 왜 금메달을 강물에 던졌을까?

올림픽이 끝나고 약 한 달 후에 올림픽이 개최된 도시에서 또 다른 세계 스포츠 축제가 열리는데요, 국제 신체 장애인 체육 대회인 패럴림픽(Paralympics)입니다. 패럴림픽은 하반신 마비를 의미하는 paraplegia와 올림픽(Olympics)의 합성어인데요, 영국의 루드비히 구트만 의사가 제2차 세계 대전에 참전한 용사들의 재활을 위한 목적으로 패럴림픽을 만들었다고 해요. 패럴림픽의 규모가 커지면서 세계 스포츠 축제가 되었지요. 지금은 패럴림픽을 비장애인과 동등하다는 의미로 평행하다는 의미를 가진 parallel과 올림픽의 합성어라고 말하기도 합니다.

동계 패럴림픽의 스키 종목에는 시각 장애인이 안전하게 비탈길을 내려올 수 있도록 돕는 가이드러너가 함께 참가해요. 가이드러너는 시각 장애인들과 함께 스키를 타며 이들이 다치지 않고 끝까지 코스를 완주할 수 있도록 안내하는 역할을 해요. 가이드러너와 스키 선수는 무선 블루투스 마이크로폰을 통해 음성으로 의사소통하지요. 가이드러너는 출발선에 선수가 들어섰을 때 손이나 발이 출발선을 넘지 않도록 돕고 경기 중에는 부상 없이 안전하게 도착 지점까지 완주할 수 있도록 신호를 보내요.

패럴림픽의 많은 종목 중 육상과 스키 종목에만 가이드러너가 있습니다. 그래서 이들 종목에서는 참가 선수와 가이드러너가 함께 경기를 완주하는 감동적인 장면을 볼 수 있지요. 가이드러너는 일정한 거리를 두고 장애인 선수가 스스로 경기를 완주할 수 있도록 돕습니다. 두 사람의 몸은 떨어져 있지만 마치 한 사람이 경기를 펼치는 것처럼 조화를 이루어 완주하는 모습을 보면 패럴림픽이 추구하는 공존의 의미가 무엇인지 생각하게 되지요.

전 세계적으로 인류의 공존을 위협하는 가장 큰 걸림돌 중 하나는 바로 인종 차별입니다. 단지 피부색이 다르다는 이유로 편견을 가지고 차별하며 놀리거나 폭력을 휘두르고 심지어는 살인을 저지르기도 합니다. 오래전부터 존재했던 인종 차별 문제는 지금도 여전히 세계 곳곳에서 벌어지고 있는데요, 반대로 인류의 평등을 주장하고 세계의 평화를 도모하는 사람들도 있습니다.

미국의 전설적인 권투 선수 무하마드 알리(1942~2016)를 아시나요? 1960년 로마 올림픽 권투 경기 결승전에서 무하마드 알리 선수는 금메달을 거머쥐며 미국의 전 국민에게 환호를 받았어요. 그런데 이후 알리는 햄버거를 사려고 패스트푸드점에 갔다가 인종 차별을 당하고 미국 사회에 여전히 만연한 인종 차별 문제에 충격을 받았지요. 그리고 "강물은 흑백을 차별하지 않는다"라고 말하며 로마 올림픽에서 딴 금메달을 오하이오강에 던져 버렸어요. 이후 본격적으로 프로 권투의 세계에 들어선 무하마드 알리는 인종 차별에 끝까지 싸울 것이라는 의지를 온 세상에 알렸어요. 무하마드 알리는 프로 권투 세계에서 승승장구하며 권투 챔피언이 되었지만 인종 차별은 그치지 않았어요.

어느 날 알리는 미국으로부터 베트남 전쟁에 참전하라는 영장을 받았어요. 그러나 흑인과 백인의 인종 차별을 넘어 모든 인종의 평등을 바랐던 알리는 "베트남 사람들은 저를 검둥이라고 욕하지 않습니다. 제가 왜 그들을 죽여야 하나요? 저는 그들이 아닌 흑인을 억압하는 세상과 싸우겠습니다"라고 말하며 징집*을 거부했지요. 결국 알리는 징집을 거부한 대가로 5년의 실형을 받고 챔피언 자리도 빼앗기고 말았어

> ★ 징집 국가에서 개인에게 국가에 대한 군사적 의무를 부여해 불러 모으는 것.

요. 하지만 이 일로 알리가 제기한 미국 사회에 만연한 인종 차별 문제를 전 세계가 주목하는 계기가 되었지요.

세계적인 권투 선수이자 인권 운동가로 활동한 무하마드 알리의 뒤를 이어 인종 차별에 대한 많은 스포츠 선수들의 항거는 계속해서 이어졌어요. 최근에는 영국 프리미어리그에서 축구 선수들이 경기가 시작되기 전 축구장에 무릎을 꿇으며 인종 차별에 반대하는 메시지를 담은 캠페인을 이어 나가기도 했지요. 이를 통해 전 세계에 인종 차별의 심각성과 경각심을 환기시켰어요. 오늘날 점점 더 많은 사람들이 주목하는 스포츠는 이제 경쟁과 즐거움을 넘어 사회에 의미 있는 메시지를 던지고 있습니다.

스포츠가 던지는 공존의 메시지

바야흐로 그린 올림픽의 시대입니다. 그린 올림픽은 환경에 대한 세계적인 관심이 커지면서 올림픽도 친환경적으로 치르자는 취지로 국제 올림픽 위원회에서 도입한 개념이에요. 인종 차별 문제를 제기하며 평등의 메시지를 던졌던 스포츠가 이번에는 지구의 환경 지킴이로 나선 거예요. 오늘날 빠른 속도로 파괴되고 있는 환경은 인류가 풀어 가야 할 가장 큰 문제로 올림픽을 개최하는 국가에서도 이 문제에 주목해 도심마다 특색 있는 환경 보호 계획을 발표해 시행하고 있어요.

2000년에 열린 호주 시드니 올림픽은 최고의 그린 올림픽을 실현한 올림픽 축제로 손꼽혀요. 시드니 올림픽 경기장 대부분은 자연 채광, 자연 통풍 방식으로 건축되었고, 태양열을 이용해 열에너지를 전기에너지로 바꾸는 태양열 발전기도 설치했지요. 그리고 쓰레기 매립지 위에 축제의 가장 큰 행사가 열리는 주경기장을 만들었어요. 비가 오면 주경기장의 빗물을 받아서 재활용할 수 있는 빗물 재활용 장치를 만들었지요. 이뿐만 아니라 각종 교통수단이 일으키는 오염 물질을 줄이기 위해 전기 자동차와 대중교통을 장려하고, 배기가스를 유발하는 교통수단의 이용을 최대한 줄이기 위해 올림픽 시설을 설계할 때 경기장을 한곳에 모아 건축했어요. 덕분에 시드니 올림픽을 즐기러 이곳에 온 사람들은 거의 모든 올림픽 시설을 걸어서 이용할 수 있었지요.

그런데 당시 시드니 올림픽의 주경기장 주변에 정체를 알 수 없는 이상한 장소가 있었어요. 왠지 한군데만 파헤치다 만 공사장처럼 지저분하게 방치되어 있는 곳이었지요. 그곳은 바로 그린 올림픽의 상징이라고 할 수 있는 곳인데요, 공사를 하다 만 것처럼 보이는 그곳은 원래 테니스 경기장의 부지로 결정되어 있었는데 공사를 하던 와중 멸종 위기에 처한 호주의 토종 개구리가 발견된 거예요. 토종 개구리를 발견한 사람들은 즉시 테니스 경기장 공사를 중단하고 그곳을 포함한 주변 지역을 토종 개구리 보존 지역으로 지정해 멸종 위기 동물을 보호했지요. 올림픽 테니스 경기장을 짓는 것보다 토종 개구리의 서식지를 지키는 것이 더 중요하다고 판단한 거예요. 지금 이곳은 올림픽 공원의 산책길로 만들어져 생태 관광의 명소로 거듭나 많은 사람들이 찾고 있어요.

한편 한 마리의 말을 지키기 위해 애썼던 스포츠 선수가 있습니다. 승마는 기수가 말을 타고 정해진 시간 안에 장애물을 순서대로 통과하는 방식으로 경기가 진행돼요. 승마 종목은 말의 뛰어난 능력이 필요한 건 물론이고 승마 선수와 말의 소통도 정말 중요해요. 승마 경기에 출전하는 말은 훈련시키는 것이 아니라 승마 선수와 함께 의사소통하며 마음을 나누어야 하거든요.

승마는 2021년 도쿄 올림픽까지 한 선수가 승마, 육상, 펜싱, 사격, 수영을 모두 치르는 근대 5종 종목에 포함되어 있었어요. 그런데 2021년 11월 국제 근대 5종 연맹(UIPM)에서 승마를 근대 5종 종목에서 제외한다고 발표했어요. 도쿄 올림픽 근대 5종 종목에서 한 선수가 승마 경기로 금메달을 놓쳤는데요, 당시 말이 움직이지 않자 코치가 말을 주먹으로 때려 동물 학대 논란을 불러일으켰거든요.

반면 2016년 브라질 리우데자네이루 올림픽에서는 말을 위해 경기를 기권한 선수가 있어요. 네덜란드의 승마 선수 아델린데 코넬리센(Adelinde Cornelissen)입니다. 코넬리센 선수는 경기에 출전하기 며칠 전 열병에 시달리던 말을 돌보았어요. 마구간에서 말과 함께 잠을 청할 정도로 말의 곁을 한시도 떠나지 않았지요. 다행히 경기 당일 말의 열이 내려 경기장에 입장했지만 말이 평소와 다르게 어딘가 불편함이 있다는 걸 직감한 코넬리센 선수는 말을 지키기 위해 경기를 포기했어요.

이후 인터뷰에서 "경기에서 기권한 것은 말이 아니라 저 자신입니다. 영원한 친구인 말이 일생을 바쳐 저에게 헌신한 것에 비하면 올림픽 경기를 포기한 건 아무것도 아니지요"라고 말한 코넬리센은 리우데자네이루 올림픽을 끝으로 다시는 올림픽 무대에 서지 않았어요. 수많은 스포츠 선수들이 꿈의 무대라 부르는 올림픽 출전을 위해 오랜 시간 준비하고 먼 바다를 건너 브라질을 찾았을 텐데 코넬리센은 경기를 포기하는 데에 한 치의 망설임도 없었지요. 서로 다른 종을 넘어 친구가 된 말에게 고통을 주면서까지 경기에 참가할 순 없었던 거예요.

앞서 살펴본 코넬리센의 승마 경기 포기 선언은 우리가 지구에서 함께 공존해야 할 대상을 단지 사람만으로 한정해서는 안 된다는 깨달음을 전해 줍니다. 더 나아가 동물의 권리에 대해 생각하게 하지요.

최근에는 지구상에 공존하는 동물이 우리와 같은 생명을 지닌 존재로서 인위적인 고통을 받지 않고 학대당하지 않을 동물권의 중요성이 세계 곳곳에서 점점 강조되고 있어요. 인간의 생명이 소중한 만큼 다른 생물체의 생명도

똑같이 소중하다는 것을 명심해야 합니다. 자연은 우리가 더 편리한 삶을 살기 위해 이용해야 할 수단이 아니며, 우리와 함께 살아가야 할 자연의 일부임을 잊어서는 안 되겠습니다.

국제 스포츠 대회를 개최하기 위한 조건

하계 올림픽과 동계 올림픽, 월드컵 축구 대회, 세계 육상 선수권 대회는 세계 4대 스포츠 대회라고 불립니다. 우리나라에서 세계 4대 스포츠 대회가 모두 열렸었다는 사실을 알고 있나요? 우리나라는 1988년에 서울 하계 올림픽, 2002년에 한일 월드컵 축구 대회, 2011년에 대구 세계 육상 선수권 대회를 개최했어요. 그리고 2018년 강원도 평창에서 동계 올림픽을 개최하며 프랑스와 독일, 이탈리아, 일본의 뒤를 이어 세계 4대 스포츠 대회를 모두 개최한 다섯 번째 나라가 되었지요. 그리고 러시아가 우리나라의 뒤를 이어 세계 4대 스포츠를 개최한 여섯 번째 국가가 되었고, 러시아의 뒤를 잇는 일곱 번째 국가는 아직 없는 상황입니다.

단지 나라의 힘이 세고 돈이 많다고 모든 스포츠 대회를 열 수 있는 건 아닌데요, 강대국인 미국이 여섯 국가에 포함되지 않은 것으로도 이 사실을 알 수 있지요. 전 세계인들이 참가하는 큰 규모의 다양한 국제 스포츠 대회를 개최하려면 국민들이 스포츠를 사랑하고 스포츠에 뜨거운 열정을 가져야 해요. 한 국가가 다양한 종류의 스포츠 대회를 열기 위해선 수많은 종목의 경기장을 구비하고 있고, 국민들이 여러 스포츠를 즐기러 다양한 경기

하계올림픽

월드컵

세계 육상선수권 대회

동계올림픽

4대 대회를 다 치뤄 낸 나라가 생각보다 많지 않아요.

자부심을 가져도 되는 부분이라고!

장을 방문하는 문화가 정착되어 있어야 하니까요. 즉 스포츠 산업의 저변이 탄탄하고, 스포츠에 대한 국민들의 꾸준한 관심과 지지가 있어야 하는 거예요. 세계적인 규모의 스포츠 대회를 성공적으로 마무리하기 위해선 스포츠 시설의 기반도 튼튼해야 할 텐데, 이를 위해선 국가의 경제 수준이 상당한 수준이어야 하고요. 엄청난 규모의 세계 스포츠 대회를 하나도 아닌 무려 네 개나 유치했다는 건 우리나라가 스포츠 산업을 넘어 경제적으로도 선진국의 대열에 합류하고 있음을 의미하는 거지요.

　단지 승부를 겨루는 경쟁의 의미를 넘어 스포츠 세계에 이토록 많은 의미가 담겨 있다니 참 놀랍습니다. 사람들은 어떤 사물이나 상황을 볼 때 아는 만큼 보인다고들 말하는데요, 이 책을 통해 여러분이 경쟁 뒤에 가려진 스포츠의 다양한 의미와 가치에 대해 생각해 볼 수 있길 바랍니다.